USA 106° West - durch Colorado, Utah, Nord-Arizona mit Motorrädern

Abenteuer garantiert

Marbie Stoner

Impressum

Margitta Bieker

Rathausstraße 8

63594 Hasselroth

www.margitta-bieker.de

kontakt@margitta-bieker.de

Bildmaterialien im Buch:

Margitta Bieker & George Schmittlein

Coverfoto: Bryn Davies (River Crossing auf dem Weg nach
Bullfrog)

Tracks: Benjamin York und John Hax (106° West Motorcycle
Adventure Tours)

Herstellung und Verlag:

TWENTYSIX – der Selfpublishing Verlag.

Eine Kooperation der Random House und BOD – Books on
Demand, Norderstedt.

ISBN: 9783740752842

**Bibliografische Informationen der Deutschen
Nationalbibliothek:**

Die Deutsche Nationalbibliothek verzeichnet diese
Publikation in der Deutschen Nationalbibliografie,
detaillierte bibliografische Daten sind im Internet über
dnb.de abrufbar.

Buchbeschreibung:

Geht das? In zwölf Tagen mit 3.530 gefahrenen Kilometern einige von Amerikas atemberaubenden Canyons sehen, einige für mich Wichtige, wie den Antelope Canyon im nördlichen Arizona? Nicht auf Harleys, sondern mit 700er, 800er BMW GS und Triumph Tiger XCx 800. Und zwar abseits der normalen Pfade mit 70% Schotterstrecken auf Dirt Roads. Das verspricht der Veranstalter John Hax, Eigentümer von 106 Grad West Motocycle Adventure. Mit dabei: Bryn Davies als Redakteur von Adventure Bike Rider, dem britischen Magazin für Abenteuermotorradtouren. Und als zweiten Guide Benjamin York.

Unerwartete Schneeeinbrüche und Blizzards, Schlammpisten und Straßenüberflutungen ließen das Abenteuer spannender als erwartet werden und haben bei uns eine neue Sucht ausgelöst: USA und seine Canyons.

Über die Autorin:

Marbie Stoner ist Jahrgang 1958, Mutter von zwei Töchtern, wohnt im landschaftlich schönen Hessen und arbeitet hauptberuflich in leitender Stellung im Gesundheitswesen. Sie absolvierte einen Kurs in "Die Kunst des Schreibens" an der Axel Anderson Akademie im Bereich "Belletristik" sowie zahlreiche Kurse in der Hobbymalerei. Ihre Freizeit verbringt sie auf dem Motorrad. Die Leidenschaft, mit dem Motorrad fremde Länder, Menschen und Gebräuche kennen zu lernen, ließ sie das Genre von Reisegeschichten finden. Wer allerdings spektakuläre Globetrotter Berichte erwartet, wird enttäuscht. Die Reiseberichte beschränken sich auf die Erfahrungen, die in einem dreiwöchigen Urlaub machbar sind.

Vor allem Motorradfahrerinnen sollen die Berichte ermutigen, abseits der heimischen Gefilde diese Herausforderungen anzunehmen und zu versuchen. Die Erlebnisse sind es wert und in jedem Fall eine sehr wichtige Selbsterfahrung!

Inhaltsverzeichnis

Allgemeine Informationen zur Reise

Motorräder

George: Triumph Tiger 800, XCx

Marbie: BMW F 700 GS

Bereifung: beide Maschinen mit Heidenau K60 Scout.

Gefahrene km: 3.530

Geführte Tour mit John Hax und Benjamin York

106 West Adventure Motorcycle Tours

www.106westadv.com

Zunächst acht Teilnehmer, ab dem 3. Tag noch sechs Fahrer. Mit dabei war Bryn Davies, Redakteur bei Adventure Bike Rider, einem britischen Motorradreise-magazin.

https://www.adventurebikerider.com/

Hier könnt ihr Bryn im Interview (Englisch) kennen-lernen:

https://www.youtube.com/watch?v=MhxiScX13SI

Benötigte Ausweise:

Gültiger maschinenlesbarer Reisepass (mit biometri-schen Daten und digitalem Foto) und Führerschein. Ein internationaler Führerschein ist nicht erforderlich.

Visum für EU-Bürger:

Verpflichtend ist das Online ESTA Formular für maximal 90 Tage Aufenthalt in den USA. Herunterzuladen unter www.estausa-visit.com/ und nur mit Kreditkarte (MasterCard, Visa, American Express oder JCB, Diners Club) zu bezahlen, kostet $ 14. Am besten, gleich bei der Flugbuchung ausfüllen, spätestens aber 72 Stunden vor Abflug. Der Reisepass muss mindestens die Gültigkeit bis zum Ende der Reise besitzen!

ESTA steht für *Electronic System for Travel Authorization* (System zur elektronischen Erteilung von Reisebewilligungen). **Das Online-Beantragungssystem ESTA** wurde von den Vereinigten Staaten entwickelt, um Reisende einer ersten Untersuchung zu unterziehen, bevor diese berechtigt werden, ein Flugzeug oder Schiff mit Ziel USA zu boarden. Beginnend mit 12. Januar 2009 ist bei der Einreise in die USA im Rahmen des Visa Waiver Programms die Vorlage einer ESTA-Reisebewilligung verpflichtend.

Das Visa Waiver Programm der US-Regierung ermöglicht allen Bürgern und Staatsbürgern der 38 Visa Waiver Länder die Einreise zu touristischen und geschäftlichen Zwecken für bis zu 90 Tagen ohne Visumpflicht.

Der Vorteil einer Einreise in die USA im Rahmen des Visa Waiver Programms ist, dass Sie kurzfristig und ohne im Voraus ein Visum erhalten zu haben, in die USA einreisen können.

Angabe der Kontaktperson: Bei Rundreisen genügt es, die erste Station oder das erste Hotel anzugeben.

Karten:

USA 7, Südwest, 1:1,25 Mio., Reise Know How

Utah: 2004 Rand McNally, 8255 North Central Park Ave, Skokie, IL 60076 und

Colorado State Map 2010: Rand McNally, (beide im Internet bestellbar).

Währung Stand 25.10.2018:

1 Dollar = 0,8774 Euro

1 Euro = 1,1394 Dollar

Reiseführer:

Heike und Bernd Wagner: Rocky Mountains (Colorado, Idaho, Montana, Nebraska, South Dakota, Utah, Wyoming), Vista Point Verlage GmbH, Potsdam, 8. Auflage 2018,

ISBN: 978-3-95733-999-7.

Mengenangaben beim Tanken:

1 Liter = 0,2642 Gallons.

1 Gallone = 3,7853 Liter.

Entfernungs- und Geschwindigkeitsangaben:

1 Meile = 1,6093 km. Eine internationale Meile entspricht heute exakt 1,609344 Kilometer,

dementsprechend ist 1 Mph (Miles per hour) gleichzusetzen mit 1,609344 km/h.

Trinkgelder (tip oder gratuity):

Durch niedrige Grundgehälter kommen Angestellte erst durch Trinkgelder zu einem akzeptablen Verdienst. Üblich sind 15% auf die Endsumme vor Steuern (Tax). Bei Zahlung per Kreditkarte wird der Betrag auf dem Vordruck eingetragen, bei Barzahlung auf dem Tisch liegen gelassen.

Strom:

Nordamerika verfügt über ein 110 Volt/60 Hertz Stromnetz. An notwendige Adapter denken, gibt es in Elektrofachgeschäften, vor Ort eher schwieriger zu kaufen. Ferner prüfen, ob die mitgebrachten Geräte (Handy, Laptop, Tablet usw.) 110 Volt tauglich sind. Sonst bedarf es einem Spannungsumschalter. Wir haben diesen nicht benötigt.

National Parks Pass

Für den Besuch mehrerer Nationalparks lohnt sich der Kauf eines Annual Passes. Dieser kostet $ 80 und ist ein Jahr gültig. Wir haben für zwei Personen inkl. zwei Motorrädern $ 80 bezahlt. Der Antelope Canyon in Arizona musste extra bezahlt werden: $ 50.

Kreditkarten:

Mastercard und Visa werden überall akzeptiert.

EC-Karten mit Maestro Aufdruck werden an Bargeldautomaten mit dem entsprechenden Zeichen akzeptiert. Zum Bezahlen in Geschäften, Hotels und Restaurants kann man sie in der Regel nicht einsetzen!

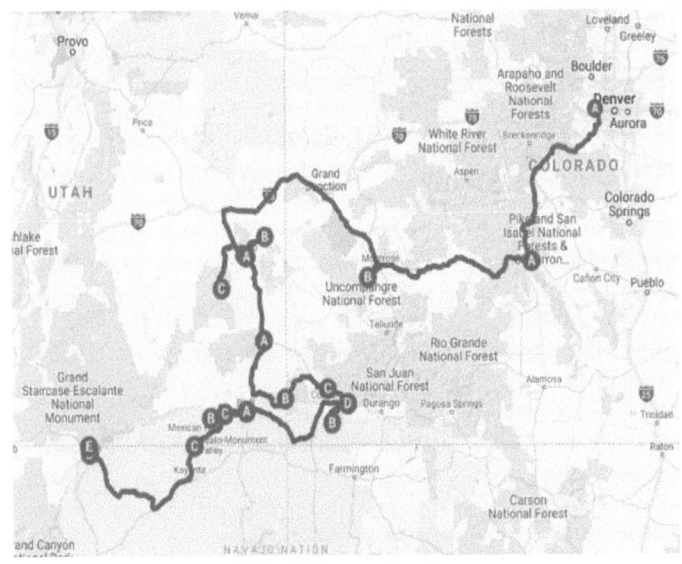

Abb. 1 Gesamtroute
Quelle: Google maps

In Denver

Sonntag, 07.10. und Montag, 08.10.2018

Das Hotel Table Mountain Inn in Golden, 30 km westlich von Denver, hat den Touch eines Mescalero Pueb-
los. Wie in Karl May beschrieben. Nur Luxuriöser. Ein
ausgestopfter Grizzly bewacht die Rezeption. An den
Wänden hängen gewebte Teppiche im indianischen Stil
mit Karos und Dreiecken. Unser Zimmer hat ein King
Size Bett, ein Wohnzimmerabteil mit Ledersitzgruppe,
zwei Fernseher, Kaffeemaschine, Kühlschrank, Kamin-
simulation und Balkon. Also eine richtige Luxussuite für
320 Dollar pro Übernachtung ohne Frühstück. Die teuerste Übernachtung, die wir uns jemals gegönnt
haben. Gut, dass ich den Preis erst bei Abreise erfahren
hatte! Grundgütiger.

Nach 11 Stunden Flug von Frankfurt kommen wir
gefühlt mitten in der Nacht an, hier ist es Nachmittag.
John Hax, unser Guide und der Besitzer von 106° West,
holt uns am Flughafen ab. Mindestens zweimal haben
wir dort unsere Fingerabdrücke scannen lassen und
den Reisepass in Automaten geschoben, bis wir endlich
den ersehnten Stempel bekamen.
„I'm sorry for our president!" So stellt sich John vor.

Ich muss so heftig lachen, dass mir keine Antwort einfallen will. Oder wahrscheinlich deshalb, weil die englischen Vokabeln nicht sofort abrufbar sind. John hat Trump anscheinend nicht gewählt. Nun ja, jedes Land hat die Regierung, die es verdient. Sagt man. Herr Seehofer würde mir zustimmen. Dass Trump aber so mächtig einen an der Waffel hat, konnte niemand ahnen. Das hat selbst Herr Augstein vom *Spiegel* behauptet.

John nennt seine Firma 106° West. 106, weil der 106. Meridian durch Denver führt. Denvers Umgebung ist nicht wirklich spannend. Flach, Wiesen, Industrie, ein voller Highway mit 65 Mph Höchstgeschwindigkeit (etwa 105 km/h).
John fährt einen Pick-up, die Motorradtaschen kommen auf die Ladefläche. Gut, dass sie wasserdicht sind. Es regnet in Denver, und es sind gerade mal 7 Grad Celsius. Ab heute heißt es „Fahrenheit". 7 Grad Celsius sind 44 Grad Fahrenheit. Und wie berechnet ihr das?
Quelle: https://celsius-fahrenheit.net

Die beiden Temperaturskalen sind unabhängig von einander auf die Welt gekommen. Dabei ist Fahrenheit die ältere. Fahrenheit holte sich dabei seine Anregungen von derselben Rømer-Skala, von der sich auch Celsius inspirieren ließ.

Vereinfacht gesprochen legte Fahrenheit einen Fixpunkt seiner Temperaturskala mit der tiefsten Temperatur eines strengen Winters fest.

Für spätere wissenschaftliche Untersuchungen experimentierte er mit einer Kältemischung, deren Schmelztemperatur er als null Grad Fahrenheit definierte. Als oberen Fixpunkt bestimmte er die Körpertemperatur eines gesunden Menschen zu - nein, nicht 100 - sondern 96 °F. Celsius hingegen, und dies dürfte in Deutschland bekannt sein, nahm den wohl wichtigsten Stoff der Erde zur Grundlage seiner Temperaturskala, das Wasser. 0 °C entspricht der Temperatur schmelzenden Eises, 100 °C ist siedendes Wasser. So, und wie rechnet man nun um? Ist nicht so einfach, weil die Skalen keine absoluten Skalen sind und keinen gemeinsamen Anfangspunkt haben.

Beispiel: kalter Winter: *0 °F*
                                                    vielleicht -20 °C

Körpertemperatur: *rund 100 °F*
                                                    gerundet 40 °C

14

Eselsbrücken: Ab 100 Grad geht das Fieber los. Eine Fahrenheit-Temperatur von 100 Grad entspricht einer Celsius-Temperatur von 37,8 °.

16 ist 61. Zahlendreher sind immer eine besondere Merkhilfe. 61 °F sind 16 °C, also ein Wetter, bei dem man zumindest eine Strickjacke anziehen sollte.
28 ist 82. Noch ein Zahlendreher. 82 °F sind 28 °C, also Bikini-Wetter. Und den sollte man in den USA auch am Strand anlassen. Oben ohne ist dort nicht nur nicht gern gesehen, sondern kann teilweise empfindliche Strafen nach sich ziehen. FKK ist nicht sehr verbreitet.
Minus 30 Halbe. Man zieht von der Fahrenheit-Temperatur 30 Grad ab und halbiert das Ergebnis. Also 60 °F sind ca. 15 °C . Gleiche Zahlenwerte hat man aber bei 40 Grad!

Ich habe nicht lange herum gerechnet. Wenn die Temperaturanzeige auf der GS stimmte, war es überwiegend kalt. Und zwar so kalt, als wären wir im Skiurlaub. Und Skier wären an manchen Tagen der bessere Untersatz gewesen. Doch davon später mehr.
Zurück zu John in Golden, eine ehemalige Goldgräberstadt. Er lädt uns am Hotel ab und erklärt uns noch, wo eine Bank mit Geldautomat ist.

Als Erstes wollen sie an der Rezeption die Kreditkarte einlesen. Gut, dass es diese Dinger gibt, wir haben nämlich keine Dollars, nur noch ein paar Euro.

Das Bier im Hotel ist super. Circa 10 Zapfhähne mit künstlerisch bunten Porzellangriffen zeigen die Vielfalt und Exklusivität der Biersorten. Klar, gibt es in Golden doch eine große Brauerei, die *Coors Brewery*. Da soll das Bierangebot gleich Werbung sein.
Das erste, welches George hochbringt, ist „very strong ale", sehr dunkel mit reichlich Alkoholgehalt. Ich hole einen hellen, etwas dünneren Hopfensaft – nachdem ich zwei Bierproben hingestellt bekomme.

Nach dem zweiten Bier ist bei uns Schluss. Wir fallen ins Bett, sind doch jetzt 24 Stunden auf den Beinen.
Nach drei Stunden bin ich schon wieder wach, danach fast jede Stunde einmal. So soll also der Jetlag sein.

Irgendwann ist die Nacht herum. Wir freuen uns auf das Frühstück. Die Speisekarte zeigt fast nur Deftiges, Omelett, Spinat, Kartoffeln und Eier in allen gewünschten und extra zu bestellenden Variationen. Was beim Toast genauso ist. Georg bestellt tapfer, was die Bedienung empfiehlt. Wir sind ziemlich überfordert.

Ich bestelle einen „Benedict" mit Guacamole. Was war das noch gleich, Artischocke? Nein, es handelt sich um Avocado. Es kommen mit Eiern, Spinat und Avocado überbackene Toasts, dazu gewürfelte gebratene Kartoffeln, sogar in Lila. Es schmeckt himmlisch und ist keineswegs zu viel auf dem Teller. Obwohl ich sonst so ein Frühstücksmuffel bin.

Das Frühstück geht auf Kreditkarte und kostet mit Trinkgeld und der Steuer 35 Dollar. Dazu wird Kaffee in großen Mengen immer wieder nachgeschenkt. Ganz so, wie man es aus den US-Filmen kennt.

Und siehe da – das Hotel hat einen Geldautomaten. Wir hätten halt gleich nach Automaten fragen müssen und nicht nach einer Bank. Denn die haben heute wegen Feiertag zu.

Alles ist gut, nur das Wetter nicht. Es herrschen drei Grad Celsius sprich 37 Grad Fahrenheit. Also – sehr kalt. Ein Pickup, den ich vom Balkon sah, war auf der Ladefläche voller Schnee. Ups.

Morgen sollen wir den Kenosha Pass auf 3000 Höhenmetern fahren. Na, das wird wohl nichts. Schnee stand bei dieser Tour nicht im Programmheft.

Nachdem wir bei Fisselregen zwei Stunden durch Golden gelaufen sind, kehren wir ins Hotel zurück. Bei dieser tollen Suite ist das ziemlich angenehm.

Um 16:30 Uhr ist Treffen mit der Gruppe und Briefing. Wahrscheinlich werden George und ich mangels Vokabelschatz in diesem Urlaub isoliert sein.

Konversation ist da nicht drin, nur Bier und Essen bestellen. Okay. Auf meinem Kindle habe ich zwei Wörterbücher geladen, sogar mit Oxford Englisch.

Bin gespannt, was John jetzt mit dem Schneeeinbruch macht. Morgen sollen es auch nur drei Grad werden. Golden liegt auf 1730 Höhenmetern. Auf 3000 Höhenmetern möchte ich mir die Temperatur weder in Celsius noch in Fahrenheit vorstellen. Die Angora Unterwäsche wird nicht ausreichen. Und George hat noch nicht einmal Winterhandschuhe mit.

Wir sind pünktlich um 16:30 Uhr in der Lounge, aber noch keine Spur von den anderen. Den Kindle mit den Wörterbüchern und das Kartenmaterial habe ich mitgebracht.

Die Karten habe ich auf Empfehlung eines Reiseberichtes im Internet bestellt. Und als George und ich die wahrscheinliche Route nach Salida studieren, kommt ein Mann an unseren Tisch und fragt, ob wir mit 106° West unterwegs sind und auf John Hax warten?

Freudiges Vorstellen, er heißt John und ist Schotte. Zunächst stellen wir die Geschwindigkeit der Konversation ein – *slowly*. Mein Kindle leistet erste Dienste.

John kam gestern Abend mit dem Taxi von Denver und hat in seinem Leben schon allerhand erlebt. George fragt gleich nach seinem Alter – 69 Jahre! Respekt. Er hat in Alaska den Denali bestiegen, besser bekannt als McKinley, das war 1980.

Gegen 18:00 Uhr kommen die anderen an. Wir sind acht: Tim und seine Frau Lek. Sie ist noch kleiner als ich, 1,60 Meter. Unser zweiter Guide, Ben. Der Journalist des Motorradmagazins Motocycle Adventure Rider, der uns angeblich alle berühmt werden lässt.

Dann noch Michael und sein Bruder aus USA, John Hax, George und ich.

Es wird sehr viel und sehr schnell in Englisch gesprochen, ich schaue mit großen Augen nach links und rechts und lache hoffentlich an den richtigen Stellen. Das Nachschlagen im Kindle funktioniert irgendwann nicht mehr und ich gebe es auf. Bis ich die Vokabeln gefunden habe, sind die Themen mehrfach gewechselt. John der Guide gibt die Instruktionen für das Fahren in der Gruppe, die klingen ziemlich *strictly*.

Das meiste kann ich erraten, kein Überholen und seinen Hintermann im Spiegel behalten. Wir werden genügend Zeit haben, Fotos zu schießen und können dazu jederzeit anhalten.

Morgen wird es ein kurzer Fahrspaß, wir fahren den Highway, alles andere hat bei dem Schneeeinbruch keinen Zweck. Circa drei Stunden und sehr, sehr kalt.
Schnee ist aber besser als Regen, meint er. Aha. Wir werden zwei Pässe in 3000 Metern Höhe fahren. So what.

Ich hatte heute Nachmittag sogar Gäste mit Skiern gesehen, nicht sehr ermutigend. Ich denke, den Badeanzug und die Sonnenmilch brauche ich nicht.
John macht uns Mut: Nur zwei Tage später soll wieder die Sonne scheinen. In den Nachrichten läuft auf dem riesigen Bildschirm gerade ein Bericht über den Tornado bei Florida. Da fliegen die Autos durch die Luft.
Der Abend endet wegen Jetlag der anderen recht früh. Ich fühle mich auch noch nicht so richtig umgestellt, bin dauernd müde, ohne schlafen zu können und habe leichte Kopfschmerzen. Kann auch an der Höhe liegen.

Es geht los – von Golden nach Salida

Dienstag, 09.10.2018.

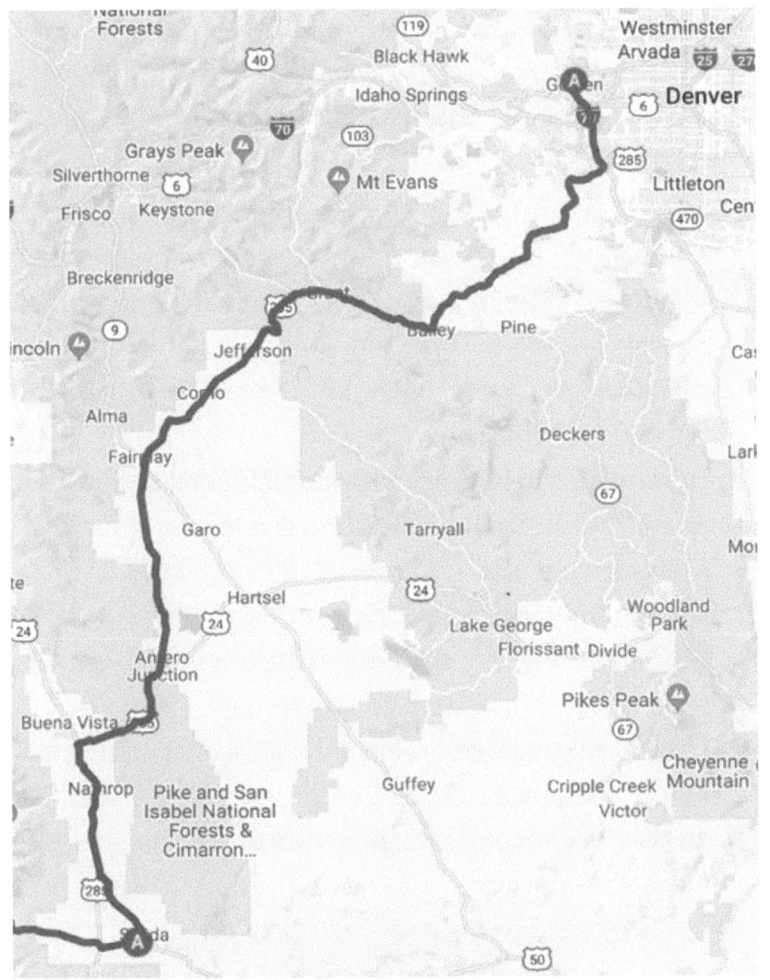

Abb. 2 Von Golden nach Salida
Quelle: Google maps

Nach einer unruhigen Nacht – jede Stunde wach geworden – stehen wir um 07:30 Uhr auf. Ich habe mir die Medima Montur schon zurechtgelegt, außerdem das Regenzeug und die dicken Handschuhe.

Wieder ein sehr reichhaltiges Frühstück mit Kartoffeln und Omelett, gebratenem Toast und wärmespendendem Fettgehalt.

Nach dem Anziehen der Motoradklamotten ist mir überhaupt nicht mehr kalt, die meisten Sachen mindestens dreimal in der Hand gehabt und das Verpacken optimiert. Das bedeutet, alles in zwei Beutel, damit die Seitentaschen vom Motorrad nicht abmontiert werden müssen.

Optimistisch packe ich Sonnenbrille und Sonnenmilch mit Lichtschutzfaktor 50 ein. Eigentlich braucht der Mensch nicht viel.

George freut sich zum 1. Mal auf Heizgriffe.

Um 10:00 Uhr holt uns John mit seinem Pick-up ab, in Motorradkluft und dem ganzen Gepäck.

In seiner Garage wird alles in Seitenkoffer und Packtaschen umgepackt. Alles Überflüssige bleibt dort. Und das ist viel, ich muss mich sehr einschränken, die Packtaschen sind klein.

In Johns Garage angekommen spähe ich sofort nach der niedrigsten BMW. John zeigt sie mir stolz, hat er doch extra für mich die niedrige Sitzbank angeschafft. Für Lek wahrscheinlich auch.

So, Probesitzen – passt. Ich strahle ihn an. Alles wird gut.

„Wonderful!" Er lacht. „I do my very best!"

Endlich sehe ich zwei Raucher. Super, ich bin nicht mehr alleine mit diesem Laster. Für die USA habe ich mir extra das IQOS – kein Rauch-keine-Asche-System angeschafft. IQOS steht für: I quit originär Smoking und ist die Erfindung von Philipp Morris, um auf lange Sicht die normale Zigarette abzuschaffen.

Es ist ziemlich gewöhnungsbedürftig und bedarf einiger Vorbereitungen: Vier Minuten, bevor man rauchen will, muss das Ladegerät zur Entfaltung der Elektronik gestartet werden, danach steckt man den sehr kurzen Stummel vorsichtig in den Holder und wartet, bis es vibriert. Dann kann es losgehen. Enjoy it.

Der Geschmack ist nicht wie beim normalen Rauchen. Er erinnert eher an eine angebrannte Kartoffel. Dann hat man sechs Minuten Zeit oder 14 Züge vor sich, je nachdem, was eher vorbei ist.

Aber wirklich – kein Rauch, keine Asche. Die Kosten für eine Packung dieser verstümmelten Zigaretten sind genauso teuer wie eine normale Packung.

Im Reiseführer stand, dass Raucher wie Asoziale angesehen werden. Am Hotel sogar ein Schild, das den Hinweis von einem 20 Fuß einzuhaltenden Abstand zum Gebäude beim Rauchen enthält.

Tatsache, nirgendwo sah ich in der Stadt Zigarettenstummel rumliegen. Ben und ich rauchen eine stilechte Zigarette mit Rauch und Asche.

Nun müssen alle noch tanken. Es geht los, auf die 285. An der Tankstelle angekommen, besteht die Gruppe nur noch zur Hälfte. Wo sind die anderen?

John kommt angefahren und winkt uns, ihm zu folgen. Wir fahren zu einer anderen Tankstelle, füllen alle Maschinen mit Sprit auf und dann geht es endlich los.

John hat uns einen kurzen Trip von drei Stunden und mit 3 Grad Kälte versprochen. Und er sollte recht behalten. Mir fällt auf, dass drei Maschinen gar kein Nummernschild besitzen. John meint, das wäre nicht so schlimm. Okay. Wahrscheinlich denke ich zu deutsch. Georges Triumph besitzt auch keinen linken Spiegel. Die Heizgriffe funktionieren nicht.

„Sorry, doesn't works!", sagt John. Und das nun ohne Winterhandschuhe! George zuckt die Achseln. Dann eben nicht.

Nach einer Stunde fahren ist Pause im Starbucks angesagt. Die Stimmung ist noch gut. John verkündet uns allerdings, dass wir nicht alle Pässe fahren können, sondern auf der normalen Straße bleiben werden. Es ist alles zugeschneit. Das war bei den entgegen kommenden schneebedeckten LKWs nicht schwer zu erraten.

Es geht mächtig in die Höhe, in den Nebel und in die Kälte, der Bordcomputer zeigt 28 Fahrenheit an. Die Umrechnung habe ich schon wieder vergessen. Egal, wie viel Grad Celsius das sind – es ist scheißkalt!

Für uns Alpentourer sind die Pässe ungewohnt. Es geht nach dem Pass nicht bergab, sondern eine Stunde stur geradeaus, es handelt sich um eine riesige Hochebene. Am Kenosha Pass stoppen wir, aber Fotos will keiner knipsen. Zumindest ist der Nebel weg und es schneit auch nicht mehr. John meint: „Snow is better than rain." *Yes, of course.*

Um 16:00 Uhr kommen wir im Motel in Salida an. Der Raum ist warm und selten habe ich mich so gefreut, an eine Heizung stellen zu können.

Im Moment denke ich, mich niemals mehr auszuziehen. George glaubt an die heiße Dusche, die die steifen Glieder wieder geschmeidig werden lässt.
John und Ben aalen sich im geheizten Pool draußen im Hof. Die Hot tubs sind in vielen Motels vorhanden, aber mich zieht es da nicht rein.

Um 18:00 Uhr gehen George und ich in eine Pizzeria im Ort mit einer ausgezeichneten Bierkarte. Bei 4,8% Alkohol beginnt das Trinkvergnügen, einer irischen Sorte. Die bestelle ich für mich, George entscheidet sich für die dunkle Starkbiersorte, die er fast mit Messer und Gabel essen könnte.

Müde fallen wir um 21:30 Uhr in Bett, in der Hoffnung auf besseres Wetter morgen.

Auf nach Moab.

Mittwoch, 10.10.2018.

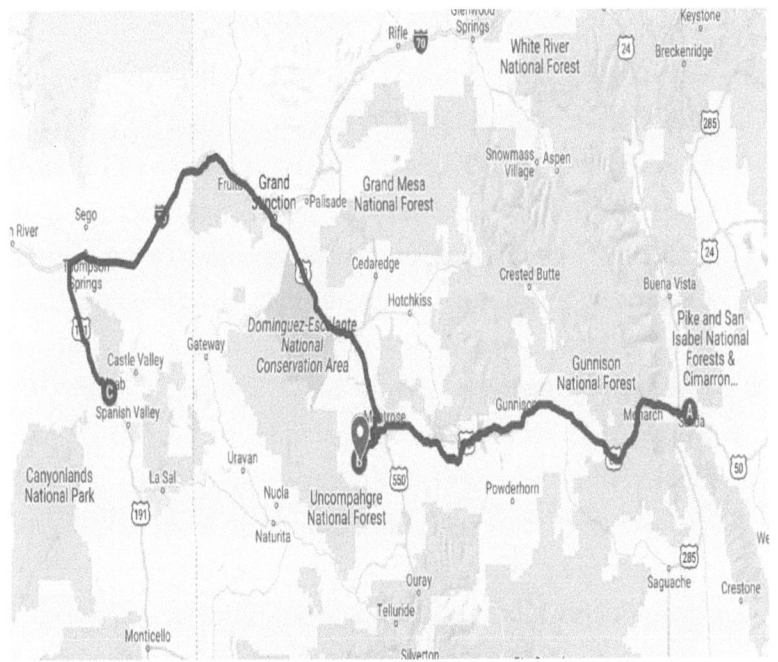

Abb. 3 Tag 2 Route nach Moab
Quelle: Google maps

Das Wetter könnte nicht mehr schlechter sein, es sei denn, es käme noch ein Blizzard. Die Sitzbänke sind vereist. George putzt sie frei. Ich mache einen dünnen Kaffee in der Kaffeemaschine. Dann überlege ich, wie viele Schichten Kleidung ich anziehen soll. Es soll heute ja eine ziemlich lange Tour werden.

Tim hat schlechte Laune. „My god, Snow! I want to go home!" Seine Frau trägt es mit Fassung und stellt nur fest, dass es etwas kalt ist.

Kein Frühstück. John hat zwei Müslitüten im Gepäck, die er uns spendiert, was George dankend ablehnt.

Es schneit beim Losfahren, die Wolken hängen dunkelgrau bis schwarz von den Bergen runter, von der Kälte ganz zu schweigen. Mir schwant, dass der Trip heute im Gegensatz zu gestern nicht nur kalt, sondern auch sehr nass werden wird. Eine Herausforderung an Mensch, Material und Maschinen.

Meine Heizgriffe funktionieren tadellos. Hurra.

Nach einer Stunde Fahren brechen wir ab, weil die Visiere so zuschneien, dass die linke Hand zum Dauerscheibenwischer wird.

John flüchtet mit uns in ein Restaurant. Es herrscht jetzt so dichtes Schneetreiben, dass wir uns alle schneckenlangsam den Berg hochquälen. Wir wettern den Blizzard ab, irgendwie wird mir ganz klamm zumute. Wie soll das noch enden? Zweihundert Meilen sind zweihundert Meilen zu viel für die Wetterlage. Tee und heiße Suppe wärmen für kurze Zeit von innen. Ich hätte auch heißes Wasser getrunken, so vereiste Glieder hängen an mir runter.

Weiter gehts, der Schnee bleibt inzwischen auf der Straße liegen, der Helm hat im Frontbereich eine Eisschicht und manchmal blockiert die Kette wegen hochfliegender Eisbrocken.

Abb. 4 Rettung in einem Imbiss, Visiere total zugeschneit.

Selbst die Großglocknertour mit dem Enduropark Hechlingen und dem Schneeeinbruch auf der Edelweißhütte war ein Klacks dagegen.

Nach einer Stunde die nächste Pause. Die Route muss geändert werden, keine dirt Road heute, schon diese zugeschneite Straße ist eine Herausforderung.

John der Zweite hat nur einen Jethelm! Sein Gesicht ist blaurot angelaufen, das Halstuch gefroren. Über die Motorradjeans trägt er zwar eine Regenhose, aber dem muss ja alles einfrieren.

Es werden heute mehr als zweihundert Meilen werden, da wir einen Umweg über die 50 machen.

**Abb. 5 Da war die Motorradwelt noch in Ordnung.
Sind die Wolkenfelder nicht super?**

In Montrose biegen wir nach dem Tanken rechts ab und fahren Richtung Norden nach Grand Junction, obwohl wir ja nach Westen müssen. Es hört zum Glück auf zu schneien.

Es wird langsam, aber sicher wärmer, auf dem Display erscheinen unglaubliche 150 Fahrenheit!

John der Guide ist optimistisch, es wird so bleiben und kein Schnee ist mehr in Sicht.

Wenn ich mir den Himmel so anschaue, glaube ich das nicht.

Nach dem Tankstopp fahre ich hinter John dem Guide, gefolgt von Tim und seiner Frau Lek, dann John der Zweite. George fährt ziemlich weit hinten.

Dann biegt John links ab und es geht wieder in die Höhe. Das Schild *„End of paving Road"* lässt mich Schlimmes ahnen – er nimmt jetzt tatsächlich die dirt Road! Na, wenn das mal gut geht?!

Die Straße ist breit, mit trockenem Schotter gut befahrbar. Nach zwanzig Minuten stoppen wir, die anderen fehlen nämlich.

Wahrscheinlich haben sie den Abzweig verpasst, weil John der Zweite nicht gewartet hat. John der Guide *is not amused* und fährt zurück.

Wir warten, die Sonne scheint, es ist warm und eine tolle Landschaft ringsherum. Im Gebüsch liegen reichlich tierische Skelettteile, sogar ein komplettes Geripppe. Wir warten und warten, niemand kommt. Nach einer Stunde trudeln die anderen endlich ein.

Abb. 6 Schwierige Bergung der Tiger. Ab hier ging es nur noch zurück.

Jetzt hat Michael ziemlich schlechte Laune, wegen des Wetters, wegen der Route, den Reifen auf seiner Tiger und überhaupt. Er schimpft vor sich hin. Gut, dass ich nicht alles verstehe.

Es geht weiter. Die Strecke ist erst super, dann wird es feucht und glitschig, es fängt wieder an zu schneien. Rechts, links und mittig des Weges türmen sich erste Schneehäufchen.

Grundgütiger, heute nehmen wir auch alles mit, was es an Abenteuerfeeling geben kann!

Dann liegt überall Schnee: in der Mitte und am Wegrand, und das nicht zu knapp. Lek fährt tapfer und unerschrocken vor mir, ich bleibe in ihrer Spur. Noch fünf Minuten gebe ich mir für die Entscheidung, anzuhalten und den behelmten Kopf zu schütteln und die Weiterfahrt zu kündigen. Sind wir eigentlich komplett bescheuert??

Plötzlich ist Schluss. Michael fährt in den mittigen Schneehaufen, die Maschine stürzt nach rechts in den Graben und liegt quer zur Straße. Oh Gott.

Ich steige ab und schaue, ob Michael wieder aufsteht. Lek bleibt sitzen, sie hat Angst beim Absteigen hinzufallen.

Es scheint Michael gut zu gehen, er reibt seine linke Schulter. George und zwei andere laufen zur umgekippten Tiger. Selbst zu dritt bekommen sie die Maschine nur schwer zurück auf den Weg, Straße würde ich das jetzt nicht mehr nennen.

John der Guide ist nicht zu sehen. Denkt der im Ernst, wir fahren hier noch weiter? Zu allem Unglück kommt jetzt noch ein Pick-up und wir stehen ihm im Weg.

Klar gibt er uns zu verstehen, dass es für Motorräder kein Weiterkommen mehr gibt. Aber wo ist John?

Erleichterung, da kommt er angefahren und beim Absteigen legt er seine BMW auch ab. Scheint ihn nicht weiter zu stören, er lässt sie einfach liegen. Wir müssen drehen, schreit er. Na – wer hätte das jetzt gedacht?!

Mit schweißtreibender Anstrengung drehen wir die Maschinen durch den mittigen Schneehaufen und lassen sie wieder runterrollen.

Michael - was tut er? Er geht zu Fuß?! Und seine Maschine? Was ist los mit ihm? Wahrscheinlich steht er noch unter Schock von seinem Sturz. Weiß er nicht, wie weit es bis zur Straße ist? Ich überlege kurz, ihn zu fragen, aber Michael winkt ab. „Go ahead!", schreit er. "Go!"

Ich schüttele den Kopf und fahre weiter.

Nicht mein Problem, muss John regeln. Außerdem habe ich mit mir selbst genug zu tun, um nicht in die Schneehaufen zu fahren.

John der Zweite hält neben mir: „You follow me!", sagt er und nickt mir gütig zu. Okay. Hinterher.

Wir erreichen den ersten Rastplatz und warten auf John, den Guide. Nach 20 Minuten kommt er und bringt Michael mit. Also konnte er ihn überreden, wieder aufzusteigen.

Wir werden jetzt die Interstate fahren, es ist 18:30 Uhr und ich habe keine Ahnung, wie weit es noch ist. Wir werden also heute eine Nachtfahrt haben. Na - der Tag ist schon jetzt nicht mehr toppen!

Um es kurz zu machen, wir kamen um 0:30 Uhr endlich im Motel an. Die Gruppe wurde geteilt, weil das Zusammenhalten der Gruppe im Dunkeln zu schwierig geworden wäre.

Ben fährt vorne weg, hinter mir George, dann Michael und sein Bruder. Die abrupten Abbiegemanöver von Ben sind gewöhnungsbedürftig, er fährt auch über doppelt durchgezogene Linien bei der etwas diffusen Streckenführung. Und das, ohne zu blinken.

Wir machen noch einen Stopp in einem riesigen Burgerimbiss, um Kalorien gegen die Kälte aufzunehmen.

Kurz vor Moab springt Georges Tiger nicht mehr an, und dann kommt zu allem Überfluss wieder Regen runter. Michael drückt mehrmals den Killschalter und auf einmal kommt sie wieder.

Puh, Glück gehabt. Von Ben ist auch nichts mehr zu sehen. Er wird schon irgendwo warten.

George muss vorausfahren. Ich kann in dem Nebel kaum die Straße sehen. Sein Rücklicht strahlt so hell, dass ich mich nur noch hinter ihn klemmen muss, und Michael nebst Bruder sind über das langsame Tempo nicht böse. Nicht zu glauben – John wartet am Motel mit einem Bier auf uns. Der ganze Tag bis in die Nacht führte uns über 370 Meilen - in Deutsch: 600 km. Todmüde fallen wir um 02:00 Uhr ins Bett. Der nächste Tag wird gemütlich, wir bleiben in Moab und besichtigen den Arches Nationalpark.

Abb. 7 Skulpturen und natürliche Kunst im Arches NP

John hat einen Wagen gemietet, weil es die ganze Nacht schüttete und das Wetter zum Motorradfahren nicht wirklich einlädt.

Die Entstehungsgeschichte dieser riesigen Felsskulpturen wird in einem Video im Visitor Center erklärt. Riesige Salzschichten bauten sich über Millionen von Jahren auf und wieder ab.

Abb. 8 Die drei Apostel im Hintergrund links im Arches NP

Übrig blieben die Felsen, und die sind wirklich „amazing", sprich unglaublich. Beim Ersten quietschen wir noch begeistert auf, dann werden sie zur Gewohnheit. Wir gehen etwa eine Stunde auf einem Fußgängertrail mit kleinen Klettereinlagen um diese Skulpturen herum. George klettert in das „Window". Mit ihm drei Frauen mormonischer Überzeugung. Sie tragen Sandalen, Kleider mit Leibchen und lange Haare, sind trittsicher und wirken auf dem Felsboden im Window fast wie Models. Später erklärt uns John, dass die Frauen zur Gruppe der „Amish People" gehören.

Die Amish sind bekannt für ihr einfaches Leben, ihre schlichte Kleidung und ihr Widerstreben, viele Annehmlichkeiten moderner Technologie anzunehmen.

Die Geschichte der Amish-Kirche begann mit einem Schisma (griechisch für Trennung, Scheidung) in der Schweiz innerhalb einer Gruppe von Schweizer und elsässischen Täufern, die 1693 von Jakob Ammann geführt wurde. Diejenigen, die Ammann folgten, wurden als Amish bekannt.

Kein Problem, dass es regnet. John fährt uns geduldig durch den Park, bis wir genug haben und uns im Gähnen übertreffen.

Abends gehen wir essen.
Hier eine Erläuterung zum Verhalten und Bezahlen im Restaurant:

Man wartet am Eingang, bis man einen Tisch zugewiesen bekommt. Je nach Uhrzeit warten dort viele Gäste recht lange. Hat man jedoch reserviert, kann man durchgehen. Sitzt man am Tisch, erhält man die Speisekarte und kostenloses Wasser mit Eiswürfeln. Nach der Wahl des Menüs dauert es nicht lange, bis das Essen kommt. Sobald man gegessen hat, und noch Getränke nachbestellt, wird die Rechnung in diskreten schwarzen Billpockets vorgelegt.

Diese weist die Steuer (Tax) extra aus. Erwartet wird ein Trinkgeld (Tip) von mindestens 15% und maximal 20%, welches man handschriftlich dazu addiert (ohne Steuern). Üblicherweise wird mit Kreditkarte bezahlt, die Mastercard wird überall akzeptiert. Diese legt man die schwarze Mappe und wartet, bis diese wieder abgeholt wird. Die Getränke sind bis dahin intus und man erhält seine Kreditkarte zurück, um die Rechnung zu unterschreiben, mitunter auch mit Angabe von Adresse und eMail.

Es wird zwar nicht gedrängt, aufzustehen, aber der Zeitpunkt wäre jetzt unbedingt angebracht, um für die nächsten Gäste den Platz zu räumen.

Das Essen ist gut, aber auf Dauer hält die Urlaubskasse das nicht aus. Außerdem habe ich nach drei Tagen genug von Burgern und Pizza.

Im Supermarkt kaufen wir für das Frühstück morgen ein, außerdem Kaffee und Trockenmilch. Die meisten Motels haben eine Kaffeemaschine. Und McDonalds zum Frühstück soll nicht zur Regel werden. Ein Zwölferpack Budweiser für den Abend ergänzt das Lunchpaket.

Der Service des Einpackens an der Kasse nehmen wir erfreut zur Kenntnis, wir brauchen noch Plastiktüten. Die Koffer an der Tiger sind nämlich nicht dicht.

Abb. 9 Der Colorado

Von Moab nach Monticello

Freitag, 12.10.2018.

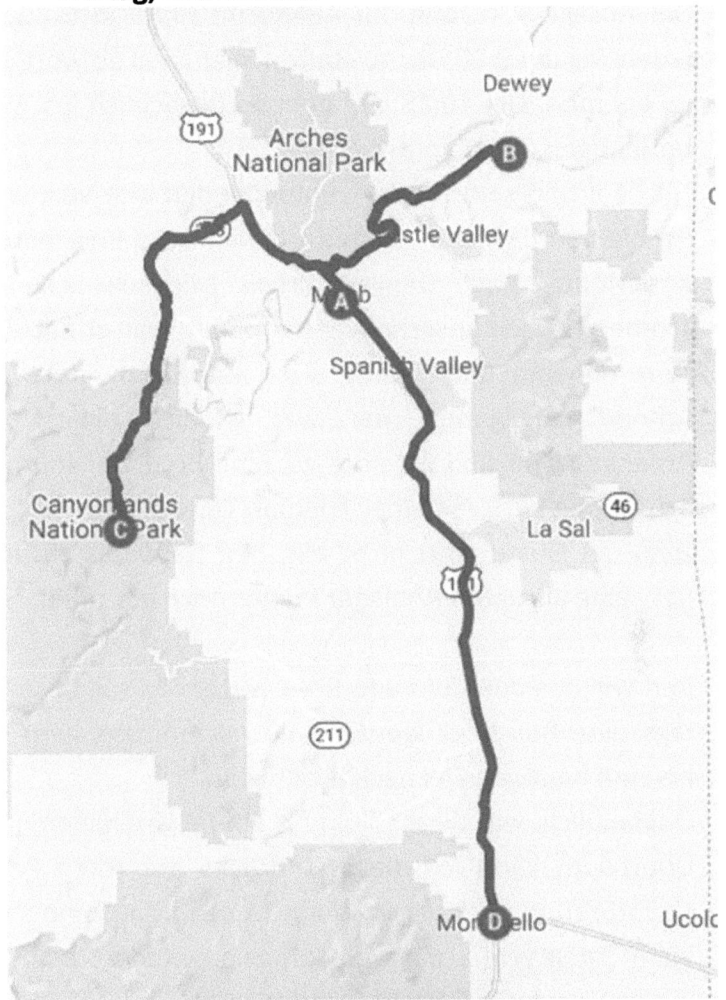

Abb. 10 Tag 3 bis Monticello
Quelle: Google maps

Das Wetter beruhigt sich. Es ist kalt beim Losfahren, aber trocken.

Die Ansage von John am Abend im Hotel in Golden, jeden Tag um 9:00 Uhr zu starten, war nicht so wörtlich zu nehmen. Um 10:15 Uhr geht es tatsächlich los. Wir besichtigen den Colorado River.

Michael und sein Bruder verabschieden sich von uns, sie bleiben in Moab, mieten sich ein Auto und fahren am Montag nach Denver zurück. Michaels Schulter schmerzt. Nach unserer Wahrnehmung war er mit der Tour ohnehin überfordert, auch ohne den Sturz im Schnee. Zugegeben, das war wirklich nichts für Anfänger. Nun sind wir noch zu acht. Bryn, der Journalist, ist nun auch mit einer Triumph Tiger dabei.

John der Guide fährt nicht mit, Ben führt uns an und hat seine abrupten Abbieger immer noch gut drauf.

Ben will uns den Colorado River zeigen. Es soll bis mittags eine Rundtour werden und nachmittags geht es bis zum heutigen Ziel nach Monticello.

Unglaublich, was dieser Fluss für ein Tal geschaffen hat. Überhaupt kann ich diese Eindrücke der roten Felsskulpturen nur schwer in Worte fassen. Man kann sich nicht sattsehen – mit viel Fantasie entdeckt man in jedem Felsen ein Gesicht.

Der Colorado River ist neben dem Rio Grande einer der zwei Hauptflüsse im Südwesten der USA. Mit seinen 2330 km Länge entspringt der Fluss in den zentralen Rocky Mountains von Colorado, verläuft nach Südwesten über das Colorado Plateau und durch den Grand Canyon, bevor er Lake Mead an der Grenze zwischen Arizona und Nevada erreicht, wo er nach Süden in Richtung internationale Grenze fließt.

Dank der späten Jahreszeit sind nur wenige Autos und noch weniger Touristen unterwegs. Aber für die Gegend kann man gut und locker vier Wochen Zeit einrechnen, ohne sich einen Tag zu langweilen, so reichhaltig ist das Freizeitangebot. Wandern, Angeln, Radfahren, Rafting. George sagt, dass schon dieser Tag für alles entschädigt, was zu Beginn der Tour wegen Wetterkapriolen schwierig war. Die habe ich auch schon fast vergessen – wie nach einer Geburt. Nur das Ergebnis zählt.

Mittags halten wir an einem Rastplatz, der eine kleine Boulderanlage betreibt. Ben, Bryn und John fahren in die Stadt lunchen, Tim, John der 2., Lek, George und ich bleiben hier und picknicken. Die Sonne scheint, es ist warm und alles gut. In einer Stunde soll es weitergehen in den Nationalpark Canyonlands. Alles klar.

Die Stunde geht vorbei, niemand kommt. John der Zweite legt sich auf den Bürgersteig und pennt. Tim streckt sich auf einer Bank aus. Ich nehme mir den Laptop und schreibe am Bericht. Komisch, das Ganze.

Irgendwie kommt mir das sehr ungeplant vor. Nach zwei Stunden kommt Ben zurück und packt erst mal einen gemischten Salat mit Tomaten und Gurken aus. Anscheinend war er nicht zum Lunchen. Von John dem Guide fehlt jede Spur.

Muss man nicht verstehen, aber für Deutsche ist das schon sehr geduldig, nicht nach einer Stunde, sondern erst nach zweieinhalb Stunden weiter zu kommen. Zumal der Nationalpark auf uns wartet. Bei Sonnenlicht am frühen Nachmittag erwarten wir eine größere Erlebnisqualität, doch jetzt ist es schon 15:15 Uhr!

Wir erfahren dann noch, dass wir im Park für zwei Motorräder 80 Dollar berappen müssen, aber dieser Pass gilt dann das ganze Jahr. Nun – wir haben aber nur zwei Wochen Zeit. Okay, geringe Zusatzkosten sind eingeplant.

In kleinen Kurven geht es bis zum Canyonlands Nationalpark. Wir bezahlen den Eintritt mit Checkkarte, sitzen auf und wollen los. Neben mir parkt John der Zweite.

Aber wie sagt man so schön: Erst hatten wir kein Glück, dann kam auch noch Pech hinzu.

Johns Hinterreifen hat einen Platten. Noch nicht ganz platt, aber mit nur sehr sehr wenig Luft. Grundgütiger. Was machen wir jetzt?

Erst mal wieder absteigen. Ben, George und John begutachten die Geschichte. Maschine aufgebockt und mit Fahrradpumpe (?) das Beste versucht. Das Loch kann man nicht finden. Wir fahren also endlich los.

Bis zum Ende der Straße, dann haben wir einen Blick auf den Canyon, bei dem der Wunsch, fliegen zu können, übermächtig wird. Keine Kamera kann das Panorama wiedergeben.

Johns Hinterreifen ist wieder platt. Na, wen wundert es. Ben telefoniert mit John dem Guide, und telefoniert, diskutiert und diskutiert.

Ben schickt uns schon mal los. Wir wollen unbedingt den Mesa Arch sehen, es hilft ja keinem, wenn alle rumstehen und warten.

George fährt vor. Bei den wenigen, aber geschmeidigen Kurven kann er sich nicht zurückhalten, ich fahre hinter ihm und finde es nur affengeil.

Abb. 11 Canyonlands NP

Mit diesen Aussichten auf die Felsen und den Canyons verstehe ich plötzlich das Abenteuerfeeling von der Marlborowerbung. Wir biegen ab zum Mesa Arch, um leider festzustellen, dass wir noch 30 Minuten bis zur Aussicht laufen müssen.

Ein Blick auf die Uhr – das wird heute nichts mehr. Den kriegen wir nicht zu sehen, schade. Denn nochmal kommen wir so schnell nicht in die USA.

Kurzer Stopp auf einem Parkplatz, um ein letztes Mal in die Tiefe zu sehen. Und was zeigt sich da? Ein geschlängelter Offroad Trail durch die Schluchten mit steilen Anstiegen und Haarnadelkurven.

Sogar einen Motorradfahrer sehen wir auf dieser Strecke. Später erfahren wir, dass es sich um den White Rim Trail handelt, dessen Nutzung extra Eintritt kostet und der nur mit 25 Mph befahren werden darf.

Das Ganze wird von Rangern scharf überwacht. Beim Anblick dieser Strecke bekommt George Glanz auf den Augen. Aber alles geht eben nicht.

Irgendwann kommt uns John der Guide entgegen, hoffentlich kann er John dem Zweiten mit dem kaputten Reifen helfen. Er hat ein Repair Kit geholt.

Am Eingang des Parks wartet Ben auf uns. Wir beschließen, loszufahren. Es wird wieder dunkel, es droht eine kalte Nachtfahrt bis Monticello.

Zu allem Übel geraten wir in den Feierabendstau in Moab, bis wir endlich auf dem Highway sind. Kurzer Stopp, um warme Sachen anzuziehen. Ohne meine Regenjacke wäre ich schon erfroren.

Als die zweispurige Bahn sich auf eine einspurige verjüngt, drängt sich ein Autofahrer zwischen uns, George und ich fahren nun hinter ihm. Als sich die Gelegenheit bietet, will ich ihn überholen, aber er lässt mich nicht. Er drängt sich mit schlingerndem Wagen immer wieder vor mich. Zuerst denke ich an ein Missgeschick, aber dann wird offensichtlich, der will mich nicht vorbei lassen! Was ist das für ein Arschloch?!

George bekommt das natürlich mit und will ihn von rechts überholen. Der Tänzelzirkus beginnt erneut mit Gas-und-Bremse-Spiel, doch George lässt sich nicht abdrängen. Der lässt sich nie abdrängen, fast erwarte ich schon, dass er ihm das linke Knie in die Tür rammt.

Knieeinsatz ist nicht erforderlich, der Autofahrer gibt auf und biegt links ab. Ich hupe wütend, er antwortet genauso. Der Schreck sitzt noch etwa für 10 Minuten im Nacken, dann lässt die Aufregung nach.

Wir kommen gegen 20:30 Uhr in Monticello im Motel an und sind bis in die Haarspitzen durchgefroren. Kurz umgezogen, dann in das benachbarte Restaurant. Hier gibt es kein Bier, eins der Lokale, die dafür keine Lizenz besitzen. Schade.

Wir entschädigen uns an der Tankstelle, die hat Bier in einer gesonderten Kühlkammer. Bryn kauft einen 24 Pack Budweiser, den wir mit ins Zimmer nehmen.

Unser Gespräch dreht sich über das Pech von John mit dem platten Reifen und uns treibt die Sorge, wo sie jetzt in der kalten Finsternis wohl sind.

Wir sehen plötzlich eine Gruppe von fünf Rehen quer über die Straße laufen, zwei Muttertiere mit ihren drei Jungen. Na, die sind ja vor gar nichts scheu!

Sie sind größer als unsere Waldbewohner und haben große weiße Punkte auf dem Rücken. Ben erklärt, dass sie auf der Suche nach Futter bis in die kleinen Städte laufen.

Eine Stunde später kommen Big John und Little John an. Die Spitznamen haben sie Bryn zu verdanken. Wobei Little John nicht sehr erfreut wäre, wenn er das wüsste. Wir lachen uns halbtot darüber. Beide Johns sind not amused, durchgefroren und hungrig. John der Guide versucht noch etwas zu essen aufzutreiben und fährt wieder los. Der Hinterreifen von Johns BMW scheint nach der Reparatur zu halten.

Ich bin nach einer Flasche Bier so erledigt, dass ich sofort einschlafe und keinen Bericht mehr schreibe. George tippt noch in sein Tablet die Ereignisse des heutigen Trips.

Von Monticello auf der 491 nach Mancos

Samstag, 13.10.2018.

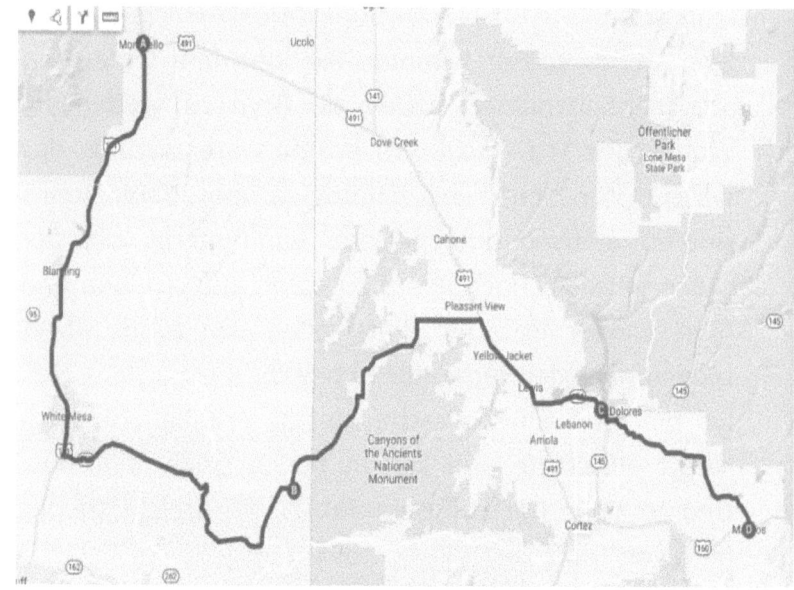

Abb. 12 Tag 4 – nach Mancos
Quelle: Google maps

Morgens sind die Sitzbänke der Maschinen vereist. Johns Hinterreifen ist wieder platt, also kommen wir wohl wieder erst später los. Ich hole Sandwiches von der Tankstelle nebenan, so können wir ja noch in Ruhe frühstücken. Der Himmel ist strahlend blau, aber es ist sehr kalt. Big Johns Geduld ist nun endgültig am Ende. Little John muss sich nun etwas einfallen lassen.

Er überlässt Big John seine gelbe GS, er nimmt die 800er BMW und fährt zu einer Honda Werkstatt, die den Reifen repariert.

Für uns ist Tanken angesagt. Big John wirkt entspannter. Er erzählt uns, wie stressig das Fahren mit dem kaputten Reifen war und wie froh er ist, nun endlich mit uns auf Tour gehen zu können. Rechts und links vom Nummernschild hängen schwarze Socken herunter, was uns alle amüsiert. Big John stöhnt auf: „It's not my style, this is Johns style!"

Es geht Richtung Süden, zu den historischen Ausgrabungsstätten Lowry Pueblo Ruinen und zum Hohenweep National Monument.

Diese Orte erzählen aus archäologischer Sicht die Geschichte der Ureinwohner (so genannte native Americans) vor 800 Jahren, die ihre Behausungen aus Steinen in die Felsen bauten, aber aus unbekannten Gründen wieder verließen. Vielleicht, weil es keine Nahrung mehr für sie gab?

Wir besuchen beide Museen und sehen eine Filmpräsentation, in welchem indigene Persönlichkeiten an die Bedeutsamkeit dieser Orte erinnern und für respektvolle Begegnungen appellieren.

Die Ausstellungen sind sehr interessant, aber ich brauche zu viel Zeit, die Erklärungen auf englisch zu verstehen. Und wieder bedauere ich, dass ich nur dieses Schulenglisch mit viel zu wenig Vokabeln intus habe. Das Leben dieser Ureinwohner muss sehr hart gewesen sein. Allein die Mühe, das Korn auf rauen Steinen klein zu reiben, das Brot zu backen und Nahrungsmittel anzubauen.

Ich frage mich, wie die Frauen ihre Kinder bekommen haben, ohne unseren gewohnten medizinischen Standard? Wahrscheinlich sehr natürlich. Und ohne Schmerzmittel.

Wir treffen wieder auf John den Guide. Die Maschine hat einen neuen Hinterreifen und Big John kann wieder auf seiner 800er BMW aufsitzen.

Es wird ein kurzer Trip heute. Nach dem Besuch des Hohenweep sind es nur noch 10 Meilen auf geraden asphaltierten Straßen bis zum Motel in Mancos an der 160. Die Zimmer sind sehr klein, und dieses Mal gibt es keine Kaffeemaschine im Zimmer. Unsere Gruppe schlendert in den Ort und trifft auf ein Apfelfest mit Angeboten von diversen Apfelsorten, Apfelbaumsetzlingen und Apfelwein, oder hier *Ciders* genannt. Bier gibt es nicht, dafür aber Riesling- und Syrah Weinsorten.

Ein mobiler Pizzaofen sorgt für die Magenfüllung und wir sitzen in gemütlicher Runde zusammen, als ein Mann mich auf deutsch anspricht und nach den Deutschen am Tisch fragt. Na, das können ja nur George und ich sein.

Er hat 21 Jahre in Stuttgart im Kommunikationsdienst gearbeitet, unter anderem auch für die Deutsche Bahn, danach ist er wieder zurück in die Staaten gegangen. Auch seine Kinder haben lange in Deutschland gelebt, sind sogar dort geboren. Die Unterhaltung ist sehr interessant.

Wenn auch sein Deutsch inzwischen sehr gebrochen klingt - *„meine Kinder sind in Germany gewachst"* – konnten wir uns gut verständigen. Die Spontanität, einfach auf uns zu zukommen und uns anzusprechen, hat mich sehr beeindruckt.

Für mich ist um 18:00 Uhr Schluss. Ich will noch weiter den Bericht schreiben, und es wird mir zu kalt. George geht mit den anderen noch in einen Pub. Das kann ja dauern, bis er zurückkommt.

Bis jetzt finde ich die Reise sehr spannend, fühle ich mich im Gegensatz zu der Kirgistan Reise letztes Jahr mit dem fahrerischen Anspruch nicht überfordert.

Zwar war der Schneefall am ersten und zweiten Tag ein ungewolltes Abenteuer, es hat uns aber nicht geschadet. Im Gegenteil – nur wer durchhält, kommt ans Ziel.

Abb. 13 Ich vorne und George hinter mir.
Foto: Bryn Davies

Nach Bluff über Mesa Verde
Sonntag, 14.10.2018.

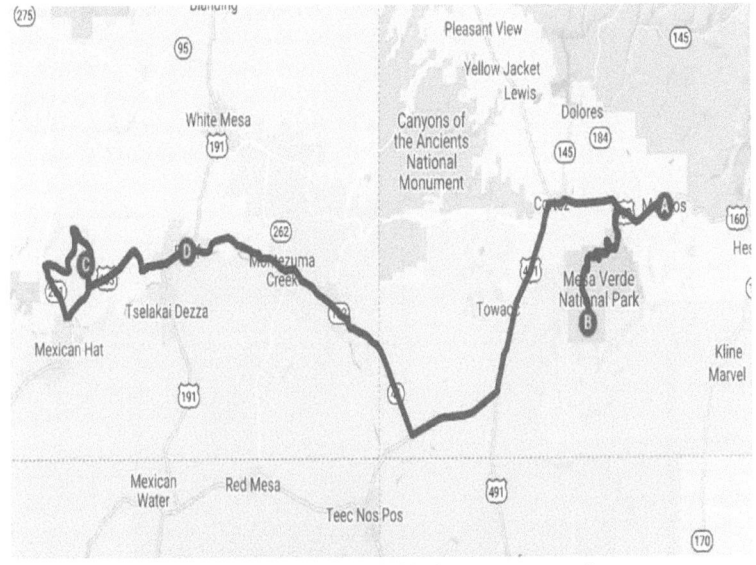

Abb. 14 Tag 5 nach Bluff über Mesa Verde
Quelle: Google maps

Wir fahren um 10:00 Uhr los, es geht zunächst die 160 Richtung Bluff auf geraden Straßen mit reichlich Seitenwind. Dass es wieder kalt ist, braucht keiner besonderen Erwähnung, oder? Ich schätze, so 6 Grad Celsius. Wir besuchen den Mesa Verde Nationalpark, der so riesig ist, dass man sich hier gut und gerne zwei Tage aufhalten könnte, um alles zu sehen.

Abb. 15 Mesa Verde, Ausblick.
Vorne natürliche Alienskulptur aus Holz

Wir haben drei Stunden Zeit, dann wollen wir uns wieder am Visitor Center treffen. Der Mesa Verde ist eine der bedeutendsten Fundstätten der USA.

Hier lebten die Anasazi (die Alten) bis Ende des 14. Jahrhunderts. Ihr Verschwinden ist ein Rätsel der Geschichte, ihre Klippenwohnungen in den Felsen sind sehr gut erhalten und beinahe unversehrt.

George und ich entscheiden uns für einen Trip zum Step House, einer der historischen Stätten, die die Ureinwohner vor sehr langer Zeit als Behausung in die Felsen bauten. Vom Eingang des Parks geht es in gewundenen Kurven 600 Meter in die Höhe. Der Wind ist gnadenlos, und damit auch die Kälte, obwohl sich über uns ein makellos blauer Himmel zeigt.

Im Park sind nur 25 Mph erlaubt, was wir wegen der ersehnten Kurven nicht einhalten. Es ist schön, mal alleine mit George zu fahren. Zum Step House müssten wir allerdings laufen, was wir wegen der Kürze der Zeit nicht schaffen.

Also fahren wir wieder zurück und treffen vor den anderen am Parkeingang ein. Anscheinend nehmen nur wir es mit der Pünktlichkeit sehr genau. Typisch Deutsch?

Die Landschaft ist einfach unbeschreiblich, ich hoffe, die Bilder geben es ein wenig wieder. Bisher toppt die Landschaft alles bisher Gesehene, sogar Kirgistan im letzten Jahr.

Im Anschluss geht es zum Tanken, dann auf die 191 nach Bluff auf unspektakulären kurvenlosen Straßen mit wenig Verkehr. Überhaupt ist der Verkehr hier sehr übersichtlich. Die Entfernungen sind anders als in Europa. Man fährt meilenweit, ohne eine Siedlung zu sehen. Irgendwann biegen wir rechts ab auf die 191.

Das Navajoreservat, welches wir durchfahren, bietet keinen schönen Anblick. Wellblechhütten, Toiletten draußen am Haus, die an Plumpsklos in den Fünfziger-jahren erinnern.

John der Guide erklärt mir, dass die Navajos sehr arme Menschen sind, die, wenn sie in die großen Städte ziehen, dem Alkohol und Drogen verfallen und im Prin-zip keine erfolgreiche Zukunft geschweige denn eine Karriere entwickeln.

Dennoch haben sie die Möglichkeit, zu studieren, und viele tun das auch. Aber sie bleiben unter sich, wollen bei ihrem Stamm leben und heiraten nur untereinan-der. Sie führen ein sehr bescheidenes Leben in Armut ohne große Chancen auf Veränderung.

In Bluff kommen wir um 15:00 Uhr an und beziehen die Motelzimmer. John der Guide bietet eine Schottertour ins *Valley of the gods* an. Keine Ahnung, was das ist, klingt aber spannend.

George kratzt sowieso schon mit den Füßen ob der versprochenen nicht geteerten Straßen.

Wir laden das Gepäck ab und fahren wieder los.

Abb. 16 Valley of the Gods – einfach unglaublich

Unbeschreiblicher Trip! Wir können anhalten, wo wir wollen, um Bilder zu knipsen. Das könnte man nach jeder Kurve eigentlich. Die Kamera qualmt.

Ein „Boah" folgt dem Nächsten. Die Sonne scheint und auf den Schotterstrecken friert man nicht so schnell. Einmal verliere ich meine Blickführung und muss nach links auf einen Parkplatz ausweichen, mit steiler Böschung nach unten.

Ich haue derart in die Bremsen, dass das ABS anspringt. Das ist mir in Deutschland noch nie passiert. Ich drehe die Maschine und holpere auf den Weg zurück. Mensch, peinlich.

George meint, ich hätte es genau richtig gemacht. Immer einen Notausgang nutzen, wenn es Sinn macht.

Die Offroadstrecke endet an einer asphaltierten Straße, die uns zurück nach Bluff und am *Mexican Hat* vorbei führt. Die farbenfrohen waagerechten Streifen haben diesem Felsen seinen Namen gegeben. Er erinnert tatsächlich an einen mexikanischen Hut. Was die Natur hier geschaffen hat in hundert Millionen von Jahren, ist nur schwer zu beschreiben. Man muss hinfahren und es sich anschauen!

Und nun brauche ich die Sonnencreme doch. Wir fahren ständig in Höhen von 2000 und 3000 Metern, da holt man sich schnell einen Sonnenbrand, auch durchs Visier.

Um 18:00 Uhr sind wir zurück am Motel und John hat im Steakhouse, eine halbe Meile entfernt, einen Tisch für 19:00 Uhr reserviert.

In einem Steakhouse gibt es natürlich Fleisch und das nicht zu knapp. Da ich nicht so ein Fleischvertilger bin, entscheide ich mich für Lachs. Die Beilagen (Sides) bestellt man extra. Auch das Dressing für den Salat.
Die anderen der Gruppe können ihre Sides vor lauter Fleisch fast nicht finden. Ben, der immer einen guten Appetit hat, bekommt noch Fleisch von den anderen.
Lek hat Barbecue Rips bestellt, die den ganzen Teller einnehmen. Die Hälfte spendiert sie gleich Bryn, unserem Journalisten.

Nach einem Spaziergang zum Motel durch die Dunkelheit fallen wir um 22:00 Uhr todmüde ins Bett.

Nach Page zum Lake Powell über den Monument Valley Navajo Tribal Park

Montag, 15.10.2018.

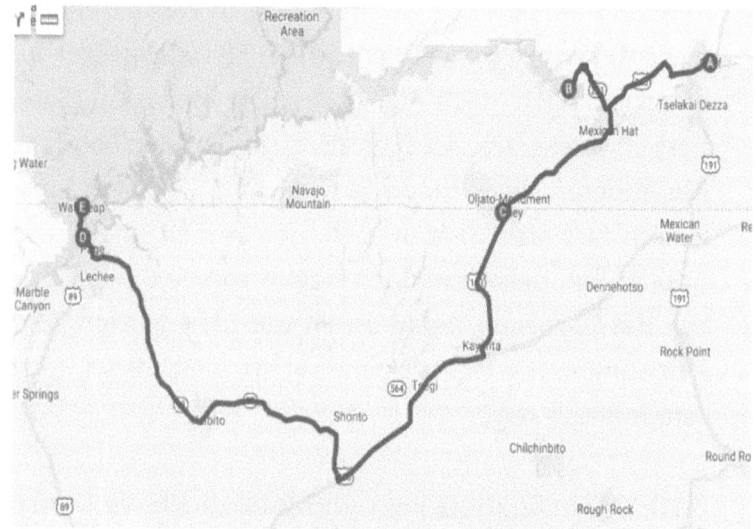

Abb. 17 Von Bluff nach Page (Lake Powell Quelle: Google maps

Morgens beim Erwachen fühle ich die Kälte im Zimmer und stelle die Heizung an. Dann nochmal zu George ins Bett und nicht ans Motorradfahren denken. Wenn mich jetzt jemand fragen würde - was ist Glück?

Dann käme diese Antwort:

Sich erneut auszustrecken und mich an den warmen Rücken von George zu schmiegen, tief zu seufzen, Gedanken schweifen zu lassen, Gemeinsamkeit zu erleben und diesen Moment unvergänglich machen zu wollen - das ist pures Glück.

Das Frühstück im Motel ist übrigens sehr einfach: Marmelade, Erdnussbutter, Ahornsirup, Kaffee, Toast, Frischkäse und Butter. Wenigstens müssen wir nicht zur Tankstelle und fertige Sandwiches kaufen.

John der Guide hat uns nach dem Frühstück im Motel einen speziellen Leckerbissen für Offroadfahren versprochen.

Zunächst inspizieren wir eine Felswand mit historischen Wandzeichnungen. Leider haben sich auch Gegenwärtige hier verewigt, weshalb der Felsen jetzt durch einen Zaun geschützt wird.

Dann biegen wir auf die 261 und 276 zu den Redhouse Cliffs ab. Dirty Roads mit unbeschreiblicher Landschaft und Felsformationen. Der Sturm ist zum Glück zurückgegangen, es ist sogar windstill.

Bryn versucht sich mit der Drohne, die die Straße und uns von oben filmen soll. Da er sie das erste Mal benutzt, liest er sich noch in die Bedienungsanleitung ein, ehe das Flugobjekt starten kann. Was dann kommt, ist dafür sehr beeindruckend:

Die Drohne hebt sich tatsächlich über unsere Köpfe und Bryn stellt einen Verfolgungsmodus ein. Sein technisches Foto- und Filmequipment füllt einen ganzen Koffer. Er bringt die Drohne senkrecht vor unseren Füßen zum Landen. Klasse, und das in einem Crashkurs für Drohnenflüge.

Abb. 18 Overlook Moki Dugway

Ich schaue etwas zweifelnd über die vor uns liegende Strecke, die hoch in die Felsen führt. Da sind einige Spitzkehren drin, dazu mit verhasstem Geröll auf der Piste. Sie scheint aber ziemlich breit zu sein, denn ich sehe auch mehrere Pickups und Wohnmobile hinunter fahren.

Na gut, dann eben los.

Abb. 19 Moki Dugway

Die Kurven sind asphaltiert, was ein Glück, aber das unruhige Gerutsche auf den vielen Steinchen ist echt nicht mein Ding.

Stellenweise wechselt der Belag zu einer festgefahrenen Lehmdecke. Nach einem Regen möchte ich mir die Strecke nicht vorstellen.

John führt uns zu einem besonderen Aussichtspunkt mit ein wenig Klettern und Kriechen an den Rand. Unglaublich! Von Weitem sieht man das Monument Valley. Er erklärt uns die heutige Route: In einem weiten Bogen fahren wir nach Page.

Die letzte Gruppe, die er führte, erlebte einen derart starken Wind, dass sie sich nicht auf das Plateau hinauf trauten und schnell wieder runtergefahren sind. Eine Autofahrerin spricht uns ein Kompliment aus.

Abb. 20 Muleypoint
Gipfelstürmer von links nach rechts:
Tim, Ben und Bryn

Sie hat im SUV schon sehr viel Angst, aber mit dem Motorrad findet sie diese Route sehr, sehr mutig. Stimmt. Sind wir auch. Sehr mutig. Da will ich nicht widersprechen.

Zurück am Parkplatz lässt George die Triumph Tiger hinfallen. Natürlich hat er keinen Gang eingelegt, sie setzt sich in Bewegung und kickt den Ständer weg. Außer dem losen Handprotektor ist nichts kaputt. John der Guide schraubt ihn wieder fest.

Kurze Diskussion, warum Männer nie, nie einen Gang einlegen beim Absteigen. „Don't speak!", sagt Tim und legt den Finger auf die Lippen. Okay, tief Luft holen sollte auch reichen.

Abb. 21 Monument Valley

Nun geht es wieder los auf den schnurgeraden Straßen vorbei am Monument Valley nach Page. Dort wartet der Antelope Canyon auf mich. Vor einigen Jahren sah ich in Youtube eine Präsentation dieses faszinierenden Canyons mit den Slots, die die Felsen durch das einfallende Licht in Farborgien verwandeln.

Danach war ich besessen von diesem Canyon, wollte ihn unbedingt sehen und dieses Farbenspiel live erleben. Das Licht muss dazu aber senkrecht in die Schächte fallen, weshalb die beste Zeit die Mittagszeit ist. In einigen Acrylbildern habe ich ihn gemalt und in meinem 61. Lebensjahr wollte ich das verwirklicht sehen.

Bei Regen darf der Canyon nicht betreten werden, es sollen schon Touristen ertrunken sein, weil sie nicht schnell genug wieder heraus kamen.

George hatte nie den Drang in den USA zu fahren.
Nun hat er seine Meinung geändert. Man kann gar nicht anders, wenn man diese Landschaften durchfährt.

Wir kommen nachmittags gegen 17:00 Uhr in Page an. Die Stadt liegt in Arizona und die Uhren werden eine Stunde zurückgestellt.

Im Visitor Center können wir von den riesigen Panoramafenstern den Glen Canyon Damm bewundern, der den Lake Powell aufstaut.

Der Bau wurde 1956 begonnen und 1966 nach 10 Jahren fertiggestellt. Er galt damals mit 710 Metern Höhe als der größte Staudamm weltweit.

http://www.glencanyonnha.org/glen-canyon-dam-tours/

Abb. 22 Glen Canyon Staudamm

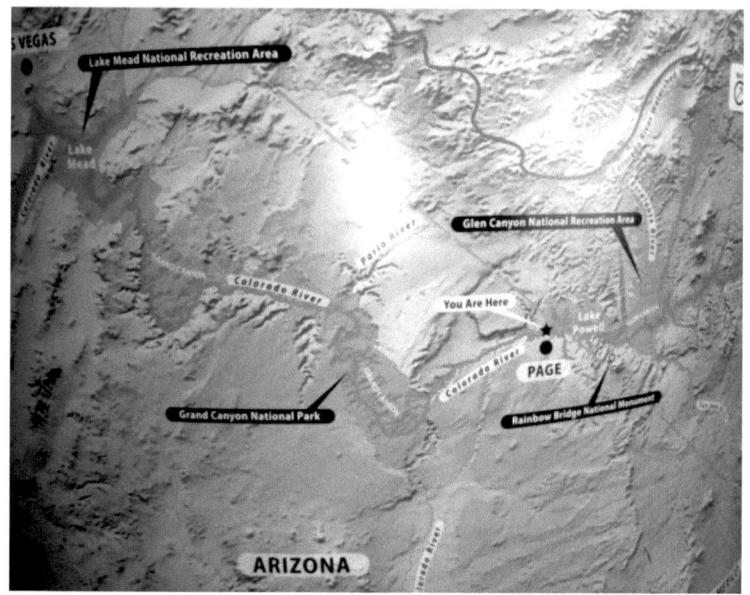

Abb. 23 Lake Powell Übersichtskarte. Wir starten von Page aus.

Der Highway US 89 überquert den Fluss auf einer massiven Stahlträgerbrücke, von der aus man eine fantastische Aussicht auf den Damm und den tiefen Canyon hat.

Das Hotel liegt nur 10 Minuten vom Visitor Center entfernt und ist verglichen mit den bisherigen Motelzimmern ein Luxushotel. Unsere Zimmer sind Suites und haben Balkone mit Blick auf den See.

Das Restaurant bietet im Halbrund gebaut einen Panoramablick auf den Lake Powell und die Marinas. Das merkt man auch den Preisen. Ein Glas Bier (0,3 Liter) kostet 7 Dollar, ein Salat auf kleinen Tellern 20 Dollar, die Flasche Rotwein 36 Dollar.

John hat einen Tisch am Fenster gebucht und man kann sich an dem Panorama mit der untergehenden Sonne gar nicht sattsehen.

Aus Versehen habe ich eine Flasche Rotwein bestellt, die wir unter uns aufteilen. George juckte es in der Gashand und er ist nochmal losgefahren, essen kann man auch mal ausfallen lassen. Mal sehen, wann er zurückkommt.

Ich frage John, ob die Kellnerinnen Indianerinnen sind. Ich weiß ja, dass diese Bezeichnung nicht mehr state of art ist, aber als ehemalige Karl-May-Begeisterte und Winnetou Fan, kann ich an diesem Wort nichts Schlimmes finden. Geneigte Leser/innen werden mir das verzeihen.

Er bestätigt das, es sind Navajos, die man an der meist gedrungenen Gestalt mit runden Gesichtern erkennen kann. Mir fällt auf, dass sie selten lächeln, auch wenn sie einen freundlich ansprechen und bedienen.

Lek zeigt mir Bilder von ihrer Heimat Thailand und von ihrem achtzehnjährigen Sohn, der auch in England lebt. Ihre Mutter lebt in Thailand, ihr Vater ist schon lange „davon". Ob er gestorben oder abgehauen ist, kann ich leider nicht verstehen. Sie hat Tim im Urlaub in Thailand kennengelernt.

Ich erzähle, dass ich in vier Wochen Großmutter werde und zeige Lek ein Foto meiner ältesten Tochter mit ihrem schwangeren Bauch. Lek lacht entzückt und fragt, ob zwei Babys im Bauch sind.

„Nein, nein. Es ist nur eins und es wird ein Junge."

So kommen wir uns näher.

Das Essen und, noch länger, der Bezahlvorgang ziehen sich hin. George kommt irgendwann dazu und ordert das Essen. Da ich mit Bezahlen dran bin, lege ich seine Rechnung mit die schwarze Mappe. Damit kommt keiner klar. Das Ende vom Lied ist, dass wir seine Mahlzeit nicht bezahlt haben. Und ich kann es der Bedienung leider nicht verständlich machen.

George verkündet, dass seine Kupplung defekt ist. Er ist am Strand gefahren und hat vergessen, im tiefen Sand die Traktionskontrolle (off Road – Mode) abzustellen.

Da die Traktionskontrolle jedes Mal beim Anfahrversuch mit durchdrehendem Hinterrad die Leistung abgeriegelte, wurde die Kupplung bei den vielen Versuchen hoch beansprucht.

„Ja, und was jetzt? Brauchst du etwa eine neue Kupplung?", frage ich entsetzt.

„Nein, nein, die muss morgen früh nur nachgestellt werden."

Na, wer es denn mal glaubt.

Und morgen geht es als erstes zum Antelope Canyon. Ich kann es kaum erwarten.

„Er ist der Grund, warum sie diese Reise überhaupt gebucht haben", lacht John.

Stimmt. Zunächst hatten wir bei der Buchung angefragt, ob wir uns zwei Tage von der Gruppe absondern können, um nach Page zu fahren. Das lag ursprünglich nicht auf der Route von 106° West. Als Bryn Davies als Journalist des englischen Magazine zur Gruppe dazu kam, änderten sich die Pläne. *Alle* fuhren jetzt zum Antelope Canyon. Außerdem versprach uns John, dass wir wegen Bryn berühmt werden.

„You will be famous!" Okay, warten wir das ab.

George bedauerte zuerst, dass wir noch nicht mal diese zwei Tage alleine haben werden. Inzwischen findet er es aber in Ordnung.

Nach Tropic – Antelope Canyon und Cotton- wood Nationalpark

Dienstag, 16.10. 2018.

Abb. 24 Im Innern des Antelope

Abb. 25 Antelope

Der Himmel ist leider bewölkt. Dank der geschenkten arizonischen Stunde gestern fahren wir heute erst um 10:00 Uhr los. Nach Johns amerikanischer Uhr dann um 10:30 Uhr. Das Herumstellen an der Kupplung von Georges Tiger hatte nicht den erwünschten Effekt, die Kupplung rutscht unter mäßiger Last bereits durch und bergauf sollte das heute schwierig werden.

Für den Antelope ist es eigentlich zu früh. Der für das grandiose Farbspiel erforderliche vertikale Lichteinfall in die Slots wird wohl nichts werden, nicht nur wegen der Wolken. Die Canyons befinden sich auf Navajo Gebiet.

Der Upper Antelope Canyon wird von den Navajos „Tsé bighánílíní" genannt, „der Ort, an dem das Wasser durch die Felsen fließt". Er ist von Touristen aus zwei Gründen der am häufigsten besuchte Canyon. Erstens sind der Eingang und die gesamte Länge nahezu ebenerdig und erfordern kein Klettern.

Zweitens sind die eindringenden Sonnenstrahlen in die Schächte im Upper viel häufiger als im Lower Canyon.

Die Strahlen treten am häufigsten in den Sommermonaten auf, da die Sonne hoch am Himmel stehen muss. Die Winterfarben sind eher gedämpft.

Die Lichtstrahlung beginnt am 20. März in die Slots einzutauchen und verschwindet jedes Jahr am 7. Oktober. Schon aus diesem Grund sind wir ziemlich spät dran.

Okay. *So what.* Wir fahren zum Lower Canyon (Navajosprache: Hazdistazí, das bedeutet „gewundene Felsbögen") sind es nur 10 Minuten zu fahren. Jede Menge Touristen, viele Busse stehen am Visitor Center. Der Eintritt beträgt 50 Dollar und der Naturparkpass gilt hier nicht. Am Abend vorher hat John den Eintritt von allen kassiert.
Die Besucher werden in kleinen Gruppen eingeteilt und von einem Guide begleitet. Vor Betreten des Canyons werden alle durchgezählt. Betreten bedeutet, auf zahlreichen steilen Treppen hinunter steigen.
Fotografieren ist auf den Stufen nicht erlaubt, ebenso nicht das Klettern auf die Felsen. Im Canyon sind es 5 Grad wärmer als an der Oberfläche.

Ich bin ja vielleicht aufgeregt! Unten angelangt, präsentieren sich die Felsen alle in Rottönen, nichts von Farbenspiel zu erkennen. Aber auch gar nichts!
Wie ich schon befürchtet hatte.

Abb. 26 Unsere Gruppe im Antelope Canyon
hintere Reihe, von links nach rechts:
George, Tim, Big John, Bryn, Ben, vorne Lek und ich.

Doch das Blitzlicht der Kameras bringt es zu Tage: Mal in Lila, mal in orange bis rot leuchten die gewundenen Felsen auf, die, monumentalen Kunstwerken gleich, über unseren Köpfen hoheitsvoll herabblicken.

Unser Guide schießt mehrere Gruppenbilder von uns, die dank der modernen Technik auf dem iPhone auch den Schacht über uns zeigen. Einfach genial. Nach jeder Biegung hört man „oh" und „boah" und „wow"! Die Gefahr, sich hier tot zu fotografieren, ist sehr hoch. Wie sagte Goethe doch?

„Farben sind Taten und Leiden des Lichts."

Zum Schluss bin ich so überwältigt, dass ich das Fotografieren George überlasse. Die Führung dauert circa eine halbe Stunde, dann geht es wieder durch die enge Öffnung an die Oberfläche. Unglaublich, welche Naturwunder sich unter der Erde befinden, wenn man sich diesen unscheinbaren Spalt anschaut.

Auf dem Rückweg erklärt unser Canyon Guide die Entstehung. Dazu gießt er aus seiner Wasserflasche eine kleine Menge Wasser auf ein Sandhäufchen. Danach um den kleinen Hügel herum, erklärt, dass der Wind den trockenen Sand wegwehte.

Übrig blieb eine runde kugelige Formation. Die wiederum durch durchfließendes Wasser zigmal geteilt wurde. So einfach kann geologischer Unterricht sein.

Er trinkt den verbliebenen Rest aus der Flasche und läutet den Rückweg zum Visitor Center ein. Das war der Antelope Canyon.

Abb. 27 Ausgang des Lower Canyon

Auf die vielen Bilder der Profis unter uns bin ich schon gespannt. Dank Facebook heute Abend der Welt präsentiert, der Neid ist uns sicher. Für uns heißt es, jetzt wieder aufsitzen und weiter fahren.

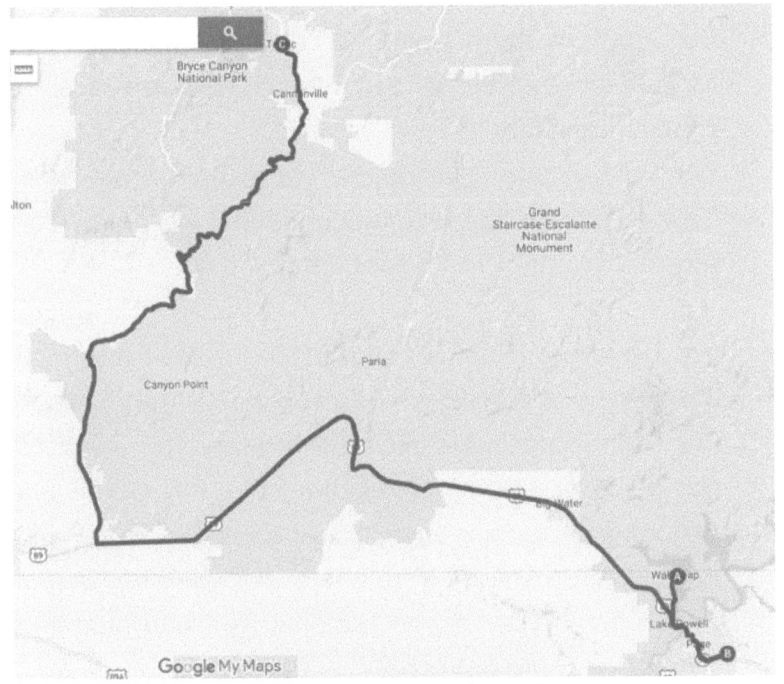

Abb. 28 Von Page nach Tropic
Quelle: Google maps

Es soll 126 Meilen nach Tropic gehen und John hat wieder interessante Offroad Passagen im Programm.

Wir tanken, nehmen einen Imbiss zu uns und fahren auf der 89 Richtung Tropic, zum Cottonwood Canyon. Leider ist die offroad Straße durch den Cottonwood gesperrt.

Der Cottonwood Canyon ist eine Schlucht von 15 Meilen Länge in der Wasatch Range, 19 km südöstlich von Salt Lake City.

Der bleibt uns nun leider verwehrt. Enttäuschte Gesichter. John überlegt kurz und fährt mit uns zwecks Alternativroute zum Visitor Center.

Wir biegen schließlich von der 89 auf die Skutumpah Road ab (ja, die heißt wirklich so), eine Schotterstrecke mit den verschiedensten Untergründen. Zunächst Geröll, dann Lehmdecke, Lehmdecke mit Geröll und tiefen Löchern, aber ausreichend breit. Die Skutumpah Road ist die kürzeste Verbindung zwischen der Region östlich des Bryce Canyon National Park und dem südlichen Utah rund um Kanab.

Allerdings ist die Dirt Road nur bei absoluter Trockenheit befahrbar. Denn ihr Untergrund besteht aus Lehm, der bei Nässe schnell aufweicht und die Piste damit unpassierbar macht.

Hier eine interessante Website. http://www.synnatschke.de/ und auf Youtube:

https://www.youtube.com/watch?v=PME_UtCHcZl

Nun, es gibt so Tage, da will das Motorrad kein offroad. Oder ist es die obere Hälfte?

Abb. 29 Bull Valley Gorge Canyon an der Skutumpah road - es geht tief runter

Manchmal weiß ich schon vorher, das wird jetzt anstrengend. Woran das liegt, habe ich bisher nicht herausgefunden. Im Prinzip ist die Strecke nicht anders als die schon gefahrenen.

Aber ich – verkrampft im Hier und Jetzt – werde einfach nicht locker. Geröll macht mich unsicher. Kommt eine unübersichtliche Rechtskurve, presse ich die Oberschenkel mit aller Kraft an den Tank. Natürlich genau die Haltung, die besonders ungünstig ist. Noch schlimmer gestalten sich die Auf- und Abfahrten. Die sind meistens steil, erfordern etwas mehr Geschwindigkeit und ich sehe nicht, was mich danach erwartet. Als die Strecke übersichtlicher wird, lockere ich die Muskeln endlich und fahre entspannter mit der passenden Blickführung.

Manchmal stelle ich mich sogar auf die Rasten. Nur nicht, als es mir bei der einzigen Kuhle auf der Strecke den Tankrucksack in den Bauch haut.

George hat genug mit der rutschenden Kupplung zu tun und ist froh, wenn er genügend Fahrt aufnehmen kann, um die Hügel raufzukommen.

John lässt uns einige Pausen machen, die meinen verspannten Muskeln guttun und bei denen ich versuche, auch im Hirn locker zu werden. Ist ja alles eine Kopfsache, nicht wahr?

Er zeigt uns eine beeindruckende kleine Schlucht, die Bull Valley Gorge. Dann geht es wieder runter, in engen Kurven mit viel Geröll.

Manchmal schalte ich sogar in den ersten Gang, obwohl der natürlich ganz ungeeignet ist.

Die anderen sind alle schneller als ich, George kann wegen der Kupplung nicht, wie er will, und Ben als zweiter Guide muss hinten bleiben. So fahre ich bestimmt 20 Minuten alleine durch die Landschaft, für die ich aber während des Fahrens keinen Blick habe.

Abb. 30 Unser Motel in Tropic

Als es endlich übersichtlich wird, fahre ich lockerer und lande kurz danach bei den anderen, die am Ende der Piste warten. Es geht nach links Richtung Tropic, 30 Minuten später sind wir angekommen.

Ben und Bryn fahren nochmal los, sich den Sonnenuntergang anschauen. Ich bin froh, endlich aus den Motorradklamotten heraus zu kommen.

In der Tankstelle kaufen wir den heutigen Biervorrat ein, sogar Hefe Weizen gibt es. Das entschädigt doch wieder für die übermenschlichen Anstrengungen!

In der Pizzeria essen wir zu Abend, es gibt - wer hätte es gedacht — mal wieder Pizza. Aber die sind wirklich gut. Ben bestellt sich die mit 16 Inch, knapp 41 cm. Ein Drittel schafft er, ein Drittel ist als Snack für nachts bestimmt, der Rest zum Frühstück morgen.

Da das Wetter morgen, Mittwoch, mit viel Regen und sogar Schnee schlecht werden wird, bleiben wir in Tropic zwei Tage.

Das kommt mir sehr gelegen. Morgens ausschlafen, Bericht schreiben, die Landkarten ob der gefahrenen Strecken studieren, und mal zur Abwechslung nicht frieren!

In Tropic – Warten auf besseres Wetter

Mittwoch, 17.10.2018.

In der Nacht regnet es in Strömen und der Morgen präsentiert sich trübe. Es sind gerade mal 5 Grad Celsius.

Die Wolken hängen dick und grau von den Bergen. Nachmittags soll sich das Ganze verbessern, aber für mich ist schon klar: Heute ist motorradfreier Tag! Nur noch drei Tage, dann ist die Tour in Golden wieder zu Ende. Leichte Wehmut kommt auf, schon so schnell vorbei.

Eine kleine Gruppe von Rehen läuft an unserem Motel vorbei. Na, so was? Die sind ja überhaupt nicht scheu, wenn sie durch den Ort gesprungen kommen.

John der Guide repariert die Kupplung von Georges Tiger, indem er den Kupplungszug mit der Zange einstellt. Und dieses Mal ist sie wirklich repariert und funktioniert. George ist erleichtert, so ohne verlässlichen Vortrieb macht Motorradfahren, vor allem bergauf, keinen Spaß.

Die Jungs (George, Bryn und Ben) lindern ihren Schmerz über den motorradlosen Tag mit Kartenspiel, Budweiser und ein paar Tüten Chips.

Unser Blockhausmotel ist sehr charmant, in einer neuen Anlage gebaut und das Zimmer riesig groß. Die Häuser stehen einzeln, sodass man nicht jedes Geräusch von den Nachbarn mit bekommt.

Ich beschließe, an der Tankstelle für das Frühstück einzukaufen, und werfe noch einen Blick auf die Wetterkarte. Morgen sollen es angenehme 10 Grad mit Sonne und Wolken geben. Das ist schon der jetzt der Urlaub, in welchem ich fast nur gefroren habe. Komischerweise habe ich überhaupt keinen Muskelkater von der gestrigen verkrampften Fahrt.

Ich besuche die Männer in ihrer „*Cabin*".

Die Jungs sitzen nun alle beim Kartenspiel und haben so ziemlich die Lampe brennen. Ausgelassene Stimmung und Georges Englischkenntnisse haben sich mit jedem Bier verbessert.

Beim Abendessen in der Pizzeria erzählt mir George, was die eine, auf unsere Rechnung gehende Übernachtung, im Table Mountain Inn in Golden gekostet hat: 320 Dollar, und das ohne Frühstück. Die teuerste Übernachtung in einem Hotel, die wir uns je auf unseren Reisen in den letzten 9 Jahren gegönnt haben.

Ich bin sprachlos. Und dennoch froh, dass ich das erst jetzt erfahren habe. Geschätzt hatte ich 150 Dollar, und das wäre schon ein stattlicher Preis.

Nach Bullfrog am nördlichen Lake Powell

Donnerstag, 18.10.2018.

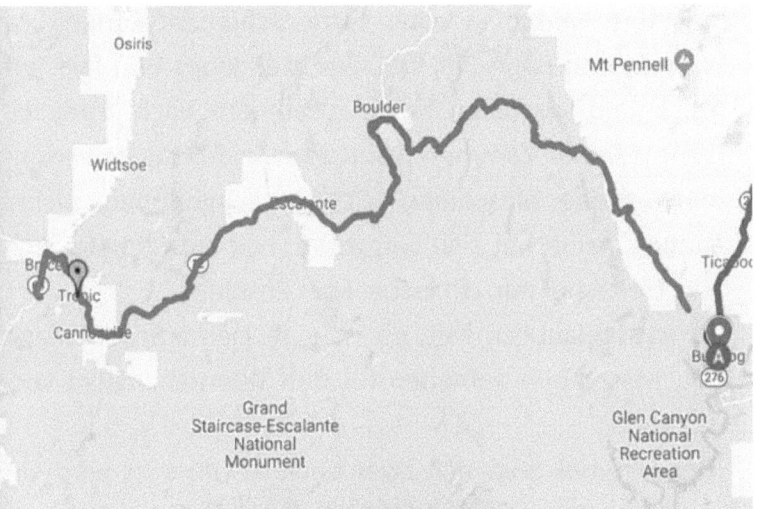

Abb. 31 Nach Bullfrog
Quelle: Google maps

Der Ruhetag hat allen gutgetan. Beim Anblick der gefrorenen Packtaschen wird mir schon wieder anders. Beim nächtlichen sternenklaren Himmel war ja klar, dass morgens alles vereist ist. Das Wasser in der Packtasche ist natürlich auch gefroren. Die Kette an Leks BMW wird mal wieder nachgestellt. Also, die muss wirklich dringend gewechselt werden, wenn wir ankommen.

Die letzten drei Tage der Tour sind angebrochen.

Der Start verläuft schon peinlich. Wir sitzen bereits alle auf. Tim rempelt mit der Packtasche an seiner Maschine Lek beim Rangieren an. Sie kreischt auf und will ihre Maschine nach vorne schieben, kommt ins Kippen und dann der Klassiker: Lek kippt um, fällt auf mich und wir fallen beide zusammen nach links. Ich sehe es zwar kommen, kann aber leider nichts verhindern. Beide Maschinen wieder hochgehoben, nichts kaputt, keine hat sich weggetan. Lek entschuldigt sich wortreich bei mir. Ich lache, kein Problem.

Es ist unglaublich kalt, da ist eine kleine Sporteinlage mit Maschinen aufheben für den Wärmehaushalt vorteilhaft.

Der Himmel zeigt sich zwar bewölkt, aber es wird ein sonniger Tag. Auf den 2000 Höhenmetern, auf denen wir uns ständig bewegen, wird es nur leider nicht so richtig warm. So wird ständig die Regenjacke als wärmespendende Hülle übergezogen.

Die Straße zeigt noch gefrorene Pfützen, wir müssen an den schattigen Stellen höllisch aufpassen. Es geht zum Bryce Canyon Nationalpark. Eine der vielen Attraktionen sind die wie eine Ansammlung von Pilzen, der sogenannten „Silent City", stehenden Felsskulpturen.

Abb. 32 Bryce Canyon, Silent City

George nimmt den Wandertrail mit 1,3 Meilen unter die Motorradstiefel, immerhin haben wir hier 45 Minuten Zeit. Ich lasse das lieber, weil hier die Luft auf 2500 Metern ziemlich dünn ist.

**Abb. 33 Bryce Canyon
Wandertrail**

Ich setze mich auf die Bänke am Rand des Canyons und kann mich an diesen „Pilzen" einfach nicht sattsehen. Die dünne Schneeschicht auf den Spitzen gibt einen zusätzlichen reizvollen Kontrast.

Das Visitor Center bietet interessante Informationen über die Entstehung des Canyons und seinen Ureinwohnern, bis hin zu den Dinosauriern und verschiedenen schwimmenden Urzeittieren. Immer, wenn ich diese Kreaturen sehe, bin ich überzeugt, dass die Natur mit ihnen nur geübt hat und sie deshalb aussterben mussten. Das ist wahrscheinlich wissenschaftlich nicht haltbar, aber könnte doch gut sein, oder?

Der Souvenirshop ist natürlich auch geöffnet. Ich kaufe mir ein Thermo-Sweatshirt mit den abgebildeten Felsenpilzen unter dem nächtlichen Sternenhimmel. Bei den Temperaturen hat man ja nie genug zum Anziehen.

Dann geht es bei ansteigenden Temperaturen zurück nach Tropic. Ich würde mal sagen, gefühlte 12 Grad. Unser heutiges Ziel ist Bullfrog am nördlichen Lake Powell und morgen heißt es, konkret den Rückweg bis Montrose anzutreten. Wir biegen von der 62 rechts ab auf die 12 Richtung Escalante.

Zunächst noch asphaltiert, dann in eine Schotterstrecke übergehend, die gut und breit befahrbar ist. Mitunter wird der Belag zu einer festgefahrenen Lehmdecke. Gut, dass alles wieder trocken ist!

So dachte ich. Bis wir zu dieser Stelle kamen:

Abb. 34 Schlammeinlage, vorne: Lek

John macht es uns vor und fährt sich gleich fest. Das Hinterrad steckt im Morast und dreht durch, die GS stellt sich seitlich. Ben eilt ihm zu Hilfe und schiebt am Heck, bis John weiter schliddern kann.

Fahren kann man das nicht nennen. Mit beiden Füßen an den Seiten abstützend, ist es mehr ein Rutschen und Paddeln durch den Schlick.

So, hier ist jetzt Schluss für mein fahrerisches Können. Mit George hatte ich diese Bedingungen vorab schon besprochen, da John Hax auf Facebook die aktuellen Touren ins Netz gestellt hatte und ich in etwa eine Ahnung bekam, was auf uns zukommen könnte.

George versucht, die Tiger am Rand durch Sand und Sträucher durchzulotsen, wird aber von John gestoppt. Zu gefährlich.

Als ich den Weg zu Fuß gehe, sehe ich auch, warum. Der Boden ist sandig und ich sinke mit den Stiefeln circa 20 Zentimeter ein. Riesige klaffende Löcher tun sich vor meinen Füßen auf. Nicht sehr sinnvoll, mit der Maschine drüber zu springen oder durch zu fahren. George beugt sich zähneknirschend Johns Weisung.

Zu Fuß in Motorradmontur durch den Schlamm schafft mich schon. George eiert mit der Tiger durch den Schlick, und ist genauso geschafft, als er ankommt. Dann holt er meine Maschine.

Respekt vor Lek! Die fährt beziehungsweise rutscht durch die Piste, mit der Unterstützung von Ben, der am Heck schiebt. Riesengroße Augen hinter dem Visier.

Erleichterndes Kreischen nach dem Ankommen.

„Du hast einen guten George, der hilft dir! Mein Tim ist einfach weg und durchgefahren."

„Das hatte ich vorher mit George so vereinbart. Ich traue mich nicht, durch Schlamm zu fahren, ich kann das auch nicht. Und wenn ich da reinfalle, bekomme ich die Klamotten nie mehr sauber!"

Lek überlegt kurz, dann stellt sie fest: „Er liebt dich!"

Ich nicke, ja, das kann nur Liebe sein – oder macht ihm diese Schlammschlacht sogar Spaß? Ich frage mich allerdings, wie viele von diesen Strecken noch kommen werden. Ist das noch Spaß und hält die Liebe das auch aus?

Alle anderen schaffen es mit der Unterstützung durch Schieben und Drücken am Heck. Pfundweise klebt der Matsch an den Stiefeln und an den Packtaschen.

Es folgt noch eine kurze weitere Schlammstelle, dann wird die Schotterstrecke zum Glück wieder normal.

Normal heißt hier, fast überall trocken und zu bewältigen. Einige schmierige Stellen finden sich noch und ich stelle fest, dass das rutschende Hinterrad sich nicht so schlimm anfühlt, wie es bei den anderen aussieht. Hauptsache, ich bleibe am Gas und mache keine Bremsmanöver. Wenigstens ist mir nicht mehr kalt.

Mensch, bin ich froh, als wir wieder Asphalt unter den Reifen haben. Bis Bullfrog sind es nur noch 20 Meilen.

Die Mitarbeiter im Hotel werden sich sicher über unsere Ankunft freuen. So dreckig, wie wir aussehen, müssten wir alle die Schuhe vor Betreten eines Teppichbodens ausziehen.

Und es kommt, wie es kommen muss: Kaum bin ich überzeugt, dass wir es geschafft haben und nur noch ein Klacks an Kilometer zu fahren sind, kommt es richtig dicke. Ich kann auf einem Schild gerade noch das Wort „floated" lesen. Flut, geflutet. Überflutete Straße? Jetzt? Hier?! *Ups.*

Abb. 35 Überflutete Straße am Bullfrog Creek

John der Guide wirkt irgendwie nicht überrascht. Oder spielt er uns einen vor? Er lacht und fragt uns, ob wir unsere Schuhe hier gerne säubern möchten.

Das kann er doch jetzt nicht ernst meinen, oder?

Der „Bach" ist der Bullfrog Creek, mit einer beachtlichen Strömung. Das Ufer gegenüber hat tiefe Schlammspuren, ähnlich derer, die wir vor drei Stunden überwunden hatten.

Also, ich mache da nicht mit und muss zum zweiten Mal heute den behelmten Kopf schütteln. Ich steige ab und überlege gefasst, wie viele Kilometer wir zurückfahren müssen.

„100 Meilen", meint Ben.

Nochmal: Ups.

Nun haben wir ein echtes Dilemma. Die Alternativen sind beide nicht gut.

Georges Augen leuchten. Hier droht ein Abenteuer. Ganz nach seinem Geschmack – River Crossing! Tim und Big John schauen wie erfahrene Skipper über das Wasser, die Hände in die Hüften gestemmt und mit fragenden Falten auf der Stirn.

Doch, kein Zweifel, John der Guide meint es ernst!

Er nimmt seinen Helm ab und macht uns vor, wie man zu Fuß dieses entzückende Flüsschen durchquert. Das Wasser reicht ihm bis zu den Knien.

Er rudert mit den Armen, um in der schmutzig grauen Strömung das Gleichgewicht zu halten. Drüben zum anderen Ufer hin wird der Wasserspiegel etwas seichter. John muss sich beim Durchwaten ganz schön kräftig gegen die Wellen stemmen.

Okay, es geht los. Ich hole mein Handy raus und filme seinen Wassertest mit der GS.

Abb. 36 River Crossing mit Unterstützung

https://www.youtube.com/watch?v=afOUNva32mg

und hier https://youtu.be/QJwFHy5JUFQ

Ben und George stützen die Maschine rechts und links, damit sie von der Strömung nicht umgerissen wird, und laufen mit durchs Wasser. John gelangt tatsächlich an die gegenüberliegende Seite, gibt zu viel Gas und legt die Maschine in der Matsche ab.

Nun, das kennen wir ja schon von ihm. Kurzes Fluchen, mithilfe von George und Ben richtet er die Maschine wieder auf und fährt sie hoch auf den rettenden Asphalt.

Der Nächste, bitte!

Big John fährt ans Ufer vor, zu allem bereit, zu allem entschlossen. Respekt. Wenn George und ich mit 69 Jahren noch so drauf sind, können wir uns echt nicht beschweren!

Der Start sieht gelungen aus, dann würgt er die Maschine mitten im Fluss ab und George muss am rechten Lenkerende gegen drücken, sonst wäre er in die grauen Fluten gestürzt. Er startet die Maschine neu und gibt jetzt entschlossen Gas. Es klingt wie ein verzweifelter Aufschrei des Motors. Big John schafft schlingernd auch die Rutschpartie durch den Matsch an der Uferauffahrt, ohne die Maschine abzulegen.

„Nimm mal den Helm von John mit und filme von drüben, ich fahre deine Maschine schon rüber!", sagt George. Er rennt sechsmal durchs Wasser.

Lek schaut mit großen Augen umher und spricht, ganz gegen ihre Gewohnheit, überhaupt nicht mehr. Sie braucht meinen Zuspruch, ganz klar.

Ich sage ihr sehr bestimmt und in einfachen Worten, dass ihr Tim das schon regeln wird und wir beide zu Fuß gehen. JETZT! So direkt mit den grauen Fluten konfrontiert, kommen mir dann aber doch Zweifel. Mein Herz rutscht in die Hose.

Ich denke an meine Töchter. Die wollten sicher nicht, dass ihre Mutter ins Wasser fällt!

George hakt mich unter.

„Los jetzt!"

Ui, ganz schön kräftig die Strömung. Bloß nicht umkippen und reinfallen, die Klamotten werden nie wieder sauber. Ich habe wenigstens meine Regenhose an, die anderen alle nicht! Das Gefühl des eiskalten Wassers, das langsam in die Stiefel sickert und nach den Zehen greift, ist einfach unbeschreiblich. Gerade jetzt fällt mir der Filmtitel: „Lohn der Angst", ein. Der mit Nitroglyzerin beladene LKW muss von A nach B ohne große Erschütterungen gebracht werden, klingt ja vernünftig bei dieser Sorte Sprengstoff. Was auch gelingt. Allerdings musste einer vor der Ankunft sterben.

Der Zweite starb, nachdem er das Geld doppelt kassiert hatte und mit dem LKW zu schnell den Berg runter fuhr. Lohn der Angst? Nun, ich überlege ernsthaft, meinen Töchtern diese Geschichte zu verschweigen, die werden mich sonst schlicht für bescheuert halten und vielleicht einweisen lassen. Oder mir den Schlüssel von meiner Honda wegnehmen. Als besorgte Mutter habe ich früher so was auch gemacht.

George bringt mich rüber. Und genauso macht es Tim mit Lek. Na also. Geht doch.

Die restliche Szenerie filme ich von der anderen Uferseite.

Und mache mir Sorgen um George, ob er sich wegen der unfreiwilligen Kneipp Kur erkälten und an einer Männergrippe erkranken wird.

Während der ganzen Transfers kommt noch ein SUV daher gefahren, dessen Fahrer sich das Schauspiel kurz betrachtet, in aller Seelenruhe durch das Wasser pflügt und mir zuwinkt. Wenigstens fährt er die Spurrillen diesseits schön glatt.

Irgendwann sind alle drüben und ich kann es nicht fassen, dass wir das wirklich gemacht haben. Teamwork. Richtiges Teamwork! Die Jungs sind nass bis in die letzte Stiefelritze. Okay, es ist nicht mehr weit, sagt John, der Guide. Nur 10 Meilen.

Und dieses Mal stimmt es sogar. Wir halten vor dem Hotel am Lake Powell und Big John, George und ich ziehen die verdreckten Stiefel aus. Die anderen sind da ungenierter und latschen mit Vollmatsch in das Hotel.

Bullfrog (zu deutsch: Ochsenfrosch) wurde nach einer Felsformation auf der Westseite des Mt. Ellsworth benannt, die man von der Utah State Route 276 in Richtung Süden sehen kann.

Der Lake Powell ist der zweitgrößte, künstlich angelegte See Nordamerikas. Bei maximaler Stauhöhe ist er 300 km lang und erstreckt sich von Page, Arizona nach Hite, Utah.

George und ich beziehen ein Zimmer mit Blick auf den See und die Marina. George zieht die nassen Klamotten aus und springt unter die Dusche zwecks Aufwärmung.

John der Guide schickt uns per Facebook seinen Tipp, das Stiefelinnere mit dem Fön zu trocknen. Ich gönne erst meinen Daytona Stiefeln eine Dusche, so dreckig waren die noch nie. Das war der Härtetest für Gore Tex. Ich kann noch immer nicht glauben, was unsere Gruppe da veranstaltet hat. Dann geht es zum Essen.

Als erstens schauen wir uns die Filme und die Bilder von dem Gang durchs Wasser an. Bryn steht seelenruhig bis zu den Knien in den dreckigen Fluten und fotografiert für sein Magazin.

Die Männer dürfen sich zu Recht als Helden fühlen, sie haben uns Frauen vor den Fluten bewahrt.

Abb. 37 Burr Trail

Von Bullfrog nach Montrose

Freitag, 19.10.2018.

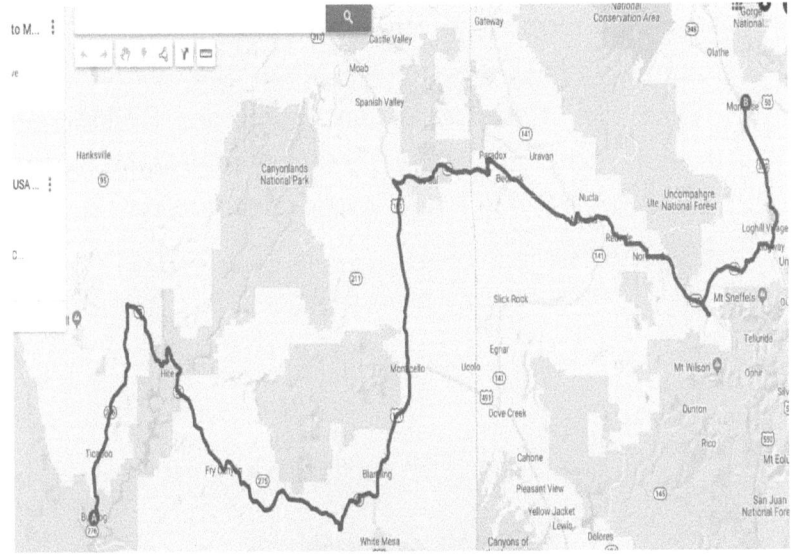

Abb. 38 Bullfrog – Montrose
Quelle Google maps

Der vorletzte Tag ist angebrochen. Heute werden jede Menge Meilen zu fahren sein. Ich rechne nach einem Blick auf die Karte mit 300 -400 Meilen, also 500 - 600 km.

Wir starten um 09:30 Uhr bei strahlendem Sonnenschein Richtung Norden und befahren die 276 Richtung Norden durch den Glen Canyon.

Die Glen Canyon National Recreation Area umfasst ein 5.076 km² großes Gebiet um den Lake Powell in den US-Bundesstaaten Utah und Arizona.

Es geht über die 276 beständig bergauf. Berge, Steppe und große Felsbrocken, egal, wohin man blickt. In der Ferne die schneebedeckten Gipfel der Rockys. Wir biegen rechts ab auf die 95 und fahren Richtung Hite und Branding durch den White Canyon. Sein Name ist Programm.

Abb. 39 Hite Overlook

Die Straße verläuft in weiten Bögen durch eine weiße, bizarr geformte Felslandschaft. Vor Hite machen wir an einem großartigen Aussichtspunkt mit Blick auf den Colorado halt. Das Panorama, was sich uns bietet, ist zum zigstenmal atemberaubend.

Beim nächsten Tankstopp wird kurz geluncht. Es gibt Fast Food wie Hotdogs, Hamburger, Pommes.

Leider geraten wir in eine Baustelle, bei der die rechte Fahrbahn kilometerlang wegen Asphaltieren gesperrt ist und warten gute 30 Minuten, bis es endlich weiter geht. Die Baustelle endet dann auf einer unbefestigten Straße, auf der sich John der Guide verfährt und wir wieder zurückmüssen. Das kostet uns einiges an Zeit.

Am Nachmittag ist wieder Schotterfahren auf der 46 durch das Lisbon Valley angesagt. In 2005 wurde in diesem Ort mit dem Kupferabbau in einer Mine begonnen, aber aufgrund geringen Ertrags wurde diese nach zwei Jahren wieder geschlossen. Für die Gemeinden Moab und Monticello ein harter Schlag, etwa 160 Menschen wurden arbeitslos.

Ich bin ziemlich müde, unkonzentriert und könnte ein Mittagsschläfchen gebrauchen, ein kleines *power nap* sozusagen. Deshalb fahren die anderen alle schneller als ich, obwohl die Strecke gut zu befahren ist.

Es hilft alles nichts – ich brauche einen Stopp. Ben lässt George und mich Pause machen und fährt weiter. Wir wollen uns am Ende der Straße wieder treffen.

Zwei Zigaretten später geht es weiter über die 90 bis Naturita und auf der 145 bis Placerville. Jetzt sehen wir oft Ranches neben der Straße mit Pferde- und Rinderzucht.

Es wird dunkel und noch kälter. Wir folgen der 62 bis Ridgway.

„Noch 45 Minuten!", sagt John der Guide bei einem Aufwärmstopp. Durchhalten. Die 45 Minuten werden in Echtzeit zu 75 Minuten, und wir kommen um 19:15 Uhr durchgefroren im Motel an. Mein Gehirn ist derart vereist, dass ich ratlos im Zimmer stehe und die Heizung suche. Innerlich zitternd und äußerlich steif wie ein Stück Holz. Das waren 350 Meilen heute, also 563 km.

George findet den Anstellknopf der Heizung und gibt Vollgas, im wahrsten Sinne des Wortes.

Ich ziehe die lange Medima Unterhose nicht aus, sondern die Jeans gleich darüber. George geht duschen. Ich werde mich überhaupt nie mehr ausziehen – schrieb ich schonmal.

Nach dem Abendessen im Steakhouse geht es doch wieder und die innere Betriebstemperatur ist okay.

Wir verabschieden uns von Bryn, der morgen nach Las Vegas fliegt und beruflich eine andere Veranstaltung für sein Magazin besucht.

Das bedeutet für ihn um 5 Uhr nach Golden loszufahren, er hat mein ganzes Mitgefühl bei den herrschenden Temperaturen und seinen nicht funktionierenden Heizgriffen. Wir umarmen uns herzlich zum Abschied und werden mit Facebook in Verbindung bleiben.

Die Nacht ist so kalt, dass wir die Decke vom zweiten Bett auch über uns werfen. Ich verstehe das Gewurschtel mit den Decken sowieso nicht. Eine dünne Wolldecke mit zwei Laken ummantelt, die sowieso nicht halten.

Mensch, was freue ich mich auf meine Daunendecke!

Von Montrose zurück nach Golden

Samstag, 19.10.2018.

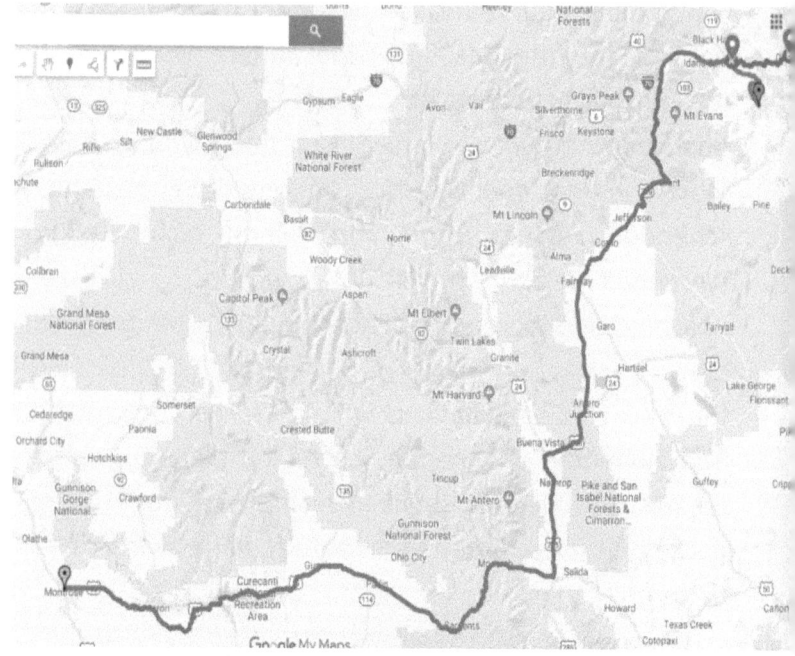

Abb. 40 Von Montrose nach Golden
Quelle: Google maps

Wir stehen um 7:30 Uhr auf und fahren gemeinsam zum Frühstück. Die Packtaschen sind so gefroren, dass ich die Schnallen fast nicht lösen kann.

Und das alles ohne Kaffee! *Brrr.* Das ist so ein Moment. Da frage ich mich: „Was machst du da??" Und das nennt sich dann Urlaub!

Doch nach dem Frühstück und einem Cappuccino large sieht die Welt schon anders aus, auch die Sitzbänke sind inzwischen abgetaut.

Die Sonne strahlt vom Himmel, es wird langsam wärmer. Wir nehmen die 50 unter die Reifen, Richtung Salida, den Ort, an dem wir die erste Nacht verbrachten und danach in den Schneesturm fuhren. 40 km westlich von Salida überqueren wir den Monarch Pass mit 3.448 Metern Höhe. George kauft sich im Souvenirladen einen Westernhut und sieht aus wie ein Texaner.

Abb. 41 Monarch Pass

Nun sind wir wieder in Colorado.

Lek hat heute wohl Konzentrationsprobleme. Sie fährt die Kurven extrem langsam, mitunter füßelt sie sogar.

Das macht mich auch unsicher und ich halte mehr Abstand, damit ich meine Linie flüssiger fahren kann.

Von der 285 biegen wir in Grant ab zum Guanella Pass, 3.557 Höhenmeter. Schöne und gut asphaltierte Straße. Die Sonne strahlt vom Himmel, die Aussicht ist grandios, aber beim Runterfahren kommt eine böse Überraschung: In den schattigen Lagen liegen Eis und Schnee auf der Straße und das in einer engen Rechtskurve.

Abb. 42 Guanella Pass

Zunächst kurz schreckensstarr und panisch, dann runterbremsen und im zweiten Gang rollen lassen. Nichts machen! Leks Maschine kommt mit dem Hinterrad ganz schön ins Rutschen, also nehme ich eine andere Spur und schaue auf die Linie von John, der als erster vorne fährt. Der Angstschweiß perlt mir den Rücken runter und sammelt sich als Pfütze am tiefsten Punkt in der Hose.

Als es überstanden ist, gibt es einen Stoßseufzer, der das Visier in Nebel hüllt. Das auch noch.

Zum Glück war es die einzige vereiste Stelle.

Danach befahren wir als harten Kontrast die 70 Interstate Straße. Lek hält plötzlich rechts an, aber einen komfortablen Seitenstreifen gibt es in der USA nicht! Wir stehen hier nicht gerade günstig.

Was ist jetzt los? Tim steigt ab und spricht mir ihr. Sie schüttelt den Kopf und diskutiert mit ihm. Offensichtlich will sie nicht mehr weiter, lässt sich aber überreden, bis zur nächsten Ausfahrt zu fahren. Wir halten auf einem Parkplatz abseits der Interstate. Lek steht mit Tränen in den Augen neben ihrer Maschine und John holt Werkzeug aus seinen Taschen. Die Kette? Richtig, die wird wieder gespannt.

„Ich fahre nicht mehr weiter", sagt Lek. „Sie lässt sich nicht mehr lenken!"

Okay. George und Ben sind nicht zu sehen, ich stelle mich an die Straße, ob ich sie entdecken kann. Keine Spur von ihnen.

„Soll ich auf deiner Maschine fahren und du nimmst die Maschine von Lek?", frage ich John. Er fährt die GS, die ich auch zwei Jahre besaß, bevor ich wieder zu Honda und zum Vierzylinder wechselte. Lek ist einverstanden. Ups, ganz anderes Kupplungsgefühl. Inzwischen treffen auch George und Ben ein. Wir fahren durch den Golden Gate Canyon. Nach 10 Minuten hält John wieder an. Was ist jetzt schon wieder?

Er will seine Maschine wieder selbst fahren und Lek steigt auf ihre mit der schlaffen Kette auf. Muss ich nicht verstehen, es sind nur noch 7 Meilen und endlich stehen wir vor Johns Garage.

Die Packtaschen leeren und alles wieder in unsere Taschen / Koffer verstauen, die in Johns Garage auf uns gewartet haben.

Dann bringt uns John in seinem Pick-up zum Hotel Table Mountain Inn in Golden.

https://www.tablemountaininn.com/suites

Die Reise ist zu Ende, die zwei Wochen sind wie im Flug vergangen. Ich könnte gerade mal anfangen zu heulen. Abends treffen wir uns zu einem letzten gemeinsamen Abendessen. George und ich sind die Einzigen, die morgen, am Sonntag, abreisen. Big John trifft sich mit einem Freund, Lek und Tim bleiben noch drei Tage und wollen wandern gehen.

„No more motobike!", sagt Tim. George geht mit Ben noch in einen Pub, sie zögern den Abschied noch etwas hinaus.

Sonntagmorgen frühstücken wir gemeinsam, dann kommt der Abschied, der uns allen schwerfällt. Tim und Big John laden uns nach England und Schottland ein.

„We never say good bye – we say: see you!",
sagt Tim und drückt uns zum Abschied.

Danksagung

„Take the Road Less Traveled with 106 West"
John Hax - Owner and Lead Guide
106 West Adventure Motorcycle Tours

www.106westadv.com
Hax@106westadv.com

Ich danke John Hax für seine Geduld,
seine Improvisationen und die motivierenden Worte, wenn
es eng wurde. Du hast uns ein großes Lob ausgesprochen:
Mit dieser Gruppe wurden alle Schwierigkeiten gemeistert,
das war richtige Teamarbeit!

Ich danke Ben, unserem 2. Guide, für seine beständig gute
Laune, sein Durchhaltevermögen, seine Wheelies und
seinen Humor. Wir hatten eine Menge Spaß, auch es als
sehr eng wurde – im Schneesturm und im Matsch.

Ich danke Lek, Tim, Big John und Bryn. Wir waren ein tolles
Team und ich hoffe, wir sehen uns wieder. Mit euch würde
ich überall hinfahren!
Und - last not least - danke ich meinem George, der mich
überall hinbringt, auch durch Wasser, Schnee und Matsch.

Weitere Veröffentlichungen

Alle Bücher sind im Buchhandel und online bestellbar.

Marbie Stoner

Kirgistan mit dem Motorrad

Abenteuer mit MuzToo

Wo ist das – Kirgistan?

Es liegt in Zentralasien an der chinesischen Grenze und ist umgeben von den anderen 'Stans': Usbekistan, Tadschikistan und Kasachstan. Die Silbe 'Stan' bedeutet 'Land'.

Warum nach Kirgistan? Die Begegnung mit einer fremden Kultur und Übernachtungen in Jurten waren ein unvergessliches Erlebnis. Das Gebirgs- und Gletscherland bot uns atemberaubende Aussichten.

Der höchste Berg ist der Dschengisch Tschokuso mit 7439 Metern. Der größte Walnusswald der Welt ist hier beheimatet und der Issyk Kul ist der größte Hochgebirgssee der Erde! Kirgisien ist ein Rohdiamant, dessen Schönheit sich erst auf den zweiten Blick offenbart und ein Land, das mit Reichtümern nicht gesegnet ist.

Es braucht den Tourismus, und die Kirgisen tun alles dafür, dass ihre Gäste sicher und gut aufgehoben sind. Atemberaubende, schroffe Landschaften und die freundlichen und zugewandten Menschen ließen die Reise auf Yamaha Xts 600 und dem Schweizer Anbieter „MuzToo"zu einem unvergesslichen Abenteuer abseits der gewohnten Touristenhochburgen in Europa werden, und entschädigten für staubige Schotterstrecken mit ihren Unwägbarkeiten.

Motorradfahren ist gefährlich. Das ist unbestreitbar, genauso wie Rauchen, Fallschirmspringen, Hornbach Projekte, im Extremfall sogar Hausarbeit. Im Laufe von zwanzig Jahren auf dem Motorrad haben sich diverse Erfahrungen auf meinem Erinnerungstacho angesammelt.

Skurriles, Komisches, Tragisches und Entbehrliches.

In 2012 begeisterte uns Rumänien durch die Freundlichkeit, die Aufbruchsstimmung im Land und die Fähigkeit der Rumänen, trotz des schweren Alltags mit einem Lächeln in die Welt zu sehen. Besonders beeindruckend: die LKW-Fahrer. Die bremsen nicht, die hupen!

Unsere Balkansucht begann hier. Länder für Aktivurlauber und El Dorado an Kurven. Im Zeichen der Flüchtlingskrise. Bulgarien bietet Bilder voller Gegensätze: Pferdekarren im dichten Stadtverkehr, Rinder, Schafe am Straßenrand, Prini- und Rilagebirge und die sanften Hügel der Rhodopen im Süden.

Meine Kurzgeschichtensammlung über die Tragiken des Alltags, über die man lieber nicht spricht, aber gerne liest und sich freut, dass es einen nicht selbst getroffen hat.

Die Idee zu: „Assistentin des Sisyphus" wurde hier geboren. Bei Tolino und Neobooks. Stellen Sie sich vor, Ihr Ehemann öffnet Ihnen die Türe, hat ein Messer im Bauch und riecht nach E605.

„Das Abwasser läuft in die Wand!", sagt er.

Madeira ist nichts für Anfänger!
Stellenweise Gefälle bis zu 40 %, Kurven, Kurven und
nochmals Kurven. Steile Auf- und Abfahrten auf
engsten Straßen. Nur bei Amazon als eBook und Kindle
unlimited.

Marokko muss man erlebt haben! Reisebericht „Marokko mit dem Motorrad", auf eigene Faust in einer Kleingruppe. Etappen der Extreme: Berge, Pässe, Wüste und Küste in drei Wochen. Ohne Garmin und mit unzuverlässigen Landkarten.

Marbie Stoner

Marokko mit dem Motorrad

Eine Reise für
Unerschrockene

Katharina, Einzelgängerin, 29 Jahre und Motorradfahrerin, ist Krankenschwester mit einer speziellen Persönlichkeit in ungewöhnlicher seelischer Landschaft.

In emotionaler Abhängigkeit steht sie unter dem Einfluss ihrer lesbischen Schwester Florentine, einer Staatsanwältin am Frankfurter Amtsgericht. Bei einer Tour in den Schweizer Bergen begegnet sie dem Mythos Sisyphus und lernt seine Deutung des Steineschiebens in einem Menschenleben kennen: Menschen dürfen durch die moderne Medizin nicht von ihrem Fels getrennt werden. Fortan bestimmt der Mythos ihr Denken und Handeln mit dem Ziel, den Menschen durch aktive Sterbehilfe wieder zu ihrem Stein zu verhelfen.

Plötzlich sterben Menschen in Katharinas Umfeld. Ihr Vater – verwahrlost im Finalzustand seiner Alkoholkrankheit – soll im Pflegeheim zum Sterben untergebracht werden. In dieser Situation lernt sie Christoph kennen. Auch er muss eine schwierige Entscheidung treffen. Seit einem Motorradunfall liegt seine Frau in einem Pflegeheim im Wachkoma. Er will, dass die lebens- verlängernden Maßnahmen eingestellt werden, trifft allerdings auf massiven Widerstand in der Pflegeeinrichtung.

MARBiE STONER

DIE ASSISTENTIN DES SISYPHUS

Bestellbar im (online) Buchhandel unter der ISBN: 9783740730536.

Und nach der Lektüre denken Sie über eine Patientenverfügung nach. Garantiert.

Abseits der üblichen Pfade über Militärstraßen und Schotterstrecken. Eine viertägige Tour mit dem Enduropark Hechlingen im September 2015. Als ebook bei Amazon.

Besuchen Sie meine Website. Die Linke zum Gruß!
http://www.margitta-bieker.de oder schreiben Sie mir:
kontakt@margitta-bieker.de

Abb. 43 Am Hite Overlook

Und wenn Sie Motorradbilderkunst interessiert, hier ein Beispiel. Weitere Kunstwerke von mir finden Sie auf meiner Website.

Abb. 44 Morini Cosaro 1200
mit Saxophon
Acryl auf Leinwand 40 cm x 60 cm